구조주의와 그 이후

차례
Contents

03 구조와 20세기 13 체계에 대한 관심 27 체계에서 구조로 49 랑그에서 담론으로 69 기호와 의미의 조화를 향해 85 구조 논의와 그 이후

구조와 20세기

우리는 흔히 여러 가지 요소들이 복잡하게 얽혀 있어 쉽사리 해결의 실마리를 찾을 수 없는 문제들을 '구조적인' 문제라고 말한다. 이런 문제들은 문제를 구성하는 다양한 요소들 중 어떤 한두 가지 요소를 수정하거나 제거한다고 해서 해결되지 않는다. '구조적인' 문제는 우리가 흔히 말하는 '시스템' 전체를 고려하지 않고서는 논의할 수 없다. 이런 문제들을 해결하기 위해서는 근본적인 차원의 장기적인 접근이 필요하다. 그래서 문제를 해결하는 일이 그만큼 어려워지기도 한다.

그렇다면 여기서 말하는 '구조적인'이라는 말은 어떤 의미일까? 그리고 이 말은 어떤 배경에서 생겨났으며, 또 현대의 인문사회과학 논의에 어떤 영향을 끼쳤을까? 우리는 이 글에서 이러한 몇 가지 문제들을 중심으로 20세기 사상사에서 중요한 문제를 제기한 '구조'와 관련된 논의를 검토해보고자 한다.

인간이 어떤 대상이나 현상을 바라보며 분석하고 이해하려고 할 때 겉으로 드러나는 구체적이고 개별적인 '현상'을 중시할 것인가, 아니면 그러한 구체적인 현상을 지배하는 추상적이고 보편적인 '구조'를 중시할 것인가 하는 문제는 다양한 양상으로 수많은 논쟁의 불씨를 지펴왔다. '이상계'와 '현상계'를 대립시킨 플라톤의 이원론적인 사유에서 이미 나타나고 있는 '본질로서의 구조'와 '실존으로서의 현상' 사이의 대립은 오래 전부터 인간현상을 인식하는 데에 중요한 문제를 제기해왔다.

플라톤은 인간의 인식세계를 '현상계'와 '이상계'로 나누고 현상계를 이상계의 그림자에 불과한 것으로 보았다. 그러므로 플라톤의 이원론은 구체적인 현상이 추상적인 구조에 종속된다고 본 현대 구조주의의 출발이라고 해도 좋을 것이다. 굳이 플라톤의 이원론을 거론할 것도 없이, 고대 이후 신의 세계와 인간의 세계를 이분법적으로 나눈 종교적 사유에서 신의 세계가 인간의 세계를 지배하고 있다는 생각은 아주 보편화되어 있었다.

20세기 서구 사상사에서 '구조' 개념은 아주 중요한 문제를 제기했다. 특히 프랑스의 경우, 20세기 초 구조주의가 등장한 이후 거의 모든 사유체계가 긍정적이든 부정적이든 구조주의와 관련되어 그 속에서 형성, 전개해 왔다고 해도 과언이 아니다. 구조언어학, 구조인류학, 후기구조주의 등이 구조주의와 긍정적인 관계를 맺었다면 실존주의, 현상학, 해석학 등은 그 반대 경우라고 할 수 있다. 이 과정에서 '구조' 개념의 정의를 위한 시도와 '구조'를 둘러싼 논란은 20세기 전체에 걸쳐 계속되었다. 이렇게 해서 구조 개념은 실제로 여러 수준에서 사상 논쟁의 한가운데에 자리 잡게 되었다.

사실 구조 개념과 구조주의는 그 자체만 놓고 보자면 논쟁적인 성격을 지닌 것이 아니다. 왜냐하면, 구조란 다양하고 역동적인 모습으로 나타나는 현상의 이면에 존재하는 정태적인 뼈대를 의미하는 것이며, 구조주의는 그러한 뼈대를 탐구하고자 했던 학문의 한 방법론에 불과한 것이기 때문이다. 그렇다면, 그 개념이나 태도에 있어서 정태적일 수밖에 없었던 구조 개념과 구조주의가 과연 어떻게 해서 20세기 다양한 사상 논쟁의 중심에 자리할 수 있었을까? 여러 가지 방식으로 이 문제에 대한 대답을 찾아나갈 수 있겠지만, 무엇보다도 구조 개념과 구조주의가 촉발시킨 논쟁이 필연적으로 인류사상사에서 인간주체가 차지하고 있던 절대권을 뒤흔들어버렸다는 데에 그 중요한 이유가 있다.

그러한 변화는 20세기 벽두에 언어학 분야에서 먼저 이루어진다. 즉 20세기 초 언어학 분야에서 처음으로 '체계' 개념이 도입된 뒤 인간현상에 대한 인식방식은 아주 많은 변화를 겪었다. 언어현상에 대한 실증적, 역사적 연구에 대한 반발에서 출발한 구조언어학은 개별적인 언어현상들을 지배하고 있는 체계를 파악하려는 욕망에서 출발했다. 사실 대상에 대한 실증적, 역사적 연구는 비단 언어학 분야에만 한정되어 나타난 것이 아니라 19세기까지 거의 모든 분야에서 받아들여졌던 인식 방식이라고 할 수 있다. '체계' 개념은 이러한 실증적이고 역사적인 지적 풍토에 대한 반발이었던 것이다.

처음에는 언어학 분야에만 한정된 '체계'에 대한 관심은 곧 인류학 분야를 거쳐 인문사회과학 전반으로 확장되었다. 그 과정에서 '체계' 개념에 대한 논의는 '구조' 개념에 대한 논의로 변모했으며, 그 적용 영역이 확장됨에 따라 당연하게도 여러 가지 문제들이 생겨났다. 이 문제들은 구체적인 상황 속에서 일어나는 인간의 행동보다는 그것을 지배하는 추상적인 법칙에 더 많은 관심을 기울인 구조주의의 기본 입장에서 생겨난다.

현대 언어학에 '체계' 개념을 처음으로 도입한 페르디낭 드 소쉬르Ferdinand de Saussure 언어학의 혁신적인 면모는 개별적인 언어현상이 아니라 언어 자체에 관심을 기울이기 시작했다는 데에서 찾을 수 있다. 소쉬르 언어 연구의 특징은 무엇보다도 구체적인 발화發話인 '파롤parole'에 대한 관심을 배제하는 것이다. 파롤이란 체계 기능을 하는 '랑그langue'와는 무관하게 저마다 말하는 사람에 따라 실현되는 구체적인 것이다. 소쉬르는 이처럼 파롤에 대한 관심을 배제함으로써 언어활동의 핵심적인 요소, 다시 말해 인간은 구체적인 상황에서 구체적인 누군가에게 구체적인 것에 대해 구체적인 것을 말한다는 사실에 대한 관심을 부차적인 것으로 돌려버리게 된다.

구조언어학에 대한 비판은 무엇보다도 인간 언어에 대한 논의를 추상적인 체계의 랑그에서 시작함으로써 발화 행위가 일어나는 구체적인 상황을 배제해 버렸다는 데에서 출발한다. 그 이후 구조주의는 인간의 구체적인 삶을 지배하는 선험적인 구조를 가정하고 여기에 더 많은 가치를 부여한다는 점에서 인간현상의 구체적인 양상을 중시하는 실존주의, 현상학, 해석학 등과는 근본적으로 다른 입장을 취해 왔다.

구조주의가 배제한 구체적인 인간현상에 대한 관심은 현상학이라는 이름 아래 모을 수 있는 다양한 사유방식들에 의해 복원된다. 1950년대 이후 프랑스 문단에서 많은 문제를 제기한 신비평 논쟁은 대부분 구조주의와 관련된 것이라고 해도 지나친 말이 아니다. 구비평과 신비평 사이의 논쟁은 무엇보다도 구체적인 사실을 중시하는 실증적 합리주의와 텍스트 자체의 구조를 찾아내려는 구조주의 사이에서 벌어졌다고 할 수 있기 때문이다.

'역사' 문제를 둘러싸고 벌어진 장 폴 사르트르Jean-Paul Sartre와 클로드 레비스트로스Claude Lévi-Strauss의 감추어진 논쟁과 주체와 의미 문제를 둘러싸고 일어난 폴 리쾨르Paul Ricoeur와 레비스트로스의 유산된 논쟁은 구조주의와 직접적인 관련 속에서 벌어졌다. 나아가서 1960년대 중반 이후에 나타난 구조주의 진영 내부에서 일어난 논란 또한 같은 맥락에서 바라볼 수 있다. 이러한 논의들의 중심에는 항상 '구조'와 '현상'의 대립이라는 인간사유의 중요한 관심사가 자리 잡고 있었다.

이렇듯 구조를 중시하려는 입장과 현상을 중시하려는 입장은 서로 여러 가지 방식으로 관계를 맺으면서 20세기 사상사를 다채롭게 수놓았다. 리쾨르의 표현을 빌리자면 '구조'와 '현상' 사이에서 다양한 양상으로 나타난 논쟁은 인간의 삶에 대한 서로 다른 '해석들의 갈등'이라고 할 수 있다. 인간의 삶을 바라보고 그 의미를 해석하는 데에는 다양한 방식들이 긴장 상태에서 갈등하고 있는데, 이들은 각기 나름대로 독자적인 가치를 지니고 있다는 것이다. 구조분석과 현상이해는 갈등관계에 있는 다양한 해석들 중에서 각기 다른 하나의 진영을 이루고 있다.

무릇 사상의 역사는 논쟁의 역사라고 할 수 있다. 한 시대에는 몇 가지 주도적인 사상체계들이 긴장상태로 공존하고 있다. 그런데 시대적인 상황에 따라 주도적인 사상체계가 바뀌어왔으며, 그 과정에는 항상 치열한 논쟁들이 있었다. 새로운 사유는 기성 사유의 한계를 지적하면서 스스로 기성 사유로 성장했으며, 그 사유는 또 다른 새로운 사유의 지양과 극복의 대상이 되어 왔다. 이런 점에서 보자면 구조주의는 구체적인 현상을 중시하려는 실증주의를 지양, 극복하려는 과정에서 확립된 사유체계라고 할 수 있다. 하지만 구조주의 역시 새로운 모습을 띠며 나타나는 다양한 사상의 거센 도전에 직면하게 되었다.

소쉬르는 언어 '체계'로서의 '랑그'와 언어 '사용'으로서의 '파롤', 그리고 주어진 시점의 언어 '상태'를 말하는 '공시태共時態(synchronie)'와 상태의 '변화'를 말하는 '통시태通時態(diachronie)'를 구분하고, '랑그'와 '공시태'를 주된 연구 대상으로 삼고자 했다. 이렇게 함으로써 소쉬르는 언어학을 통구 현대 인문사회과학의 전개에 새로운 면모를 부여한 것이다. 소쉬르는 랑그 개념을 통해 인간의 언어활동을 구체적인 현실과 유리된 추상적인 언어 상태로 가정했다. 그는 또한 공시태를 강조함으로써 인간 언어를 역사적인 맥락과도 분리했다.

언어에 대한 소쉬르의 주장에 기초한 랑그언어학은 개인적인 상황이나 사회적인 맥락의 차이, 시간의 흐름에 따라 다르게 나타나는 구체적인 언어현상을 중요한 것으로 보지 않는다. 그렇기 때문에 랑그언어학은 우발적이고, 가변적인 사건인 발화를 언어연구의 대상에서 배제하는 데에서 출발한다. 이러한 입장 차이는 구조를 중시하는 사람들과 현상을 중시하는 사람들 사이의 근본적인 차이기도 하다. 사실 구조론자들과 현상론자들 사이의 차이는 말하는 사람의 자유로운 선택과 구체적인 상황에 대한 수용 여부에서 생겨난다.

현대 언어학 논의에서 구조 개념이 등장한 이래 언어 인식에 관한 문제는 현대의 인문사회과학 논의에서 중요한 자리를 차지하게 되었다. 그것은 리쾨르의 말대로 언어가 "이해가 이루어지는 장場"(『해석들의 갈등』, p.14)[1]으로 "온갖 이해가 나타나게 되는 것은 무엇보다도, 그리고 항상 언어 속에서"(『해석들의 갈등』, p.15)이기 때문이다.

구조언어학 이후 언어를 '기호記號(signe)'의 차원에서 다룰 것인가(기호학적 관점), '의미意味(sens)'의 차원에서 다룰 것인가 (의미론적 관점) 하는 문제는 끊임없는 논란거리를 제공해왔다. 게다가 이 문제는 다양한 분야의 이해양식에 직·간접적인 영향을 끼쳐왔다. 외부와의 단절 속에서 내적인 차이에 의해서만 구분되는 '기호'와 세계와의 관련 속에서 이해되는 '의미'의 문제는 삶에 대한 인식과 관련되어 있기 때문이다.

체계 안에서 닫혀 있는 기호는 외부세계와 무관하게 존재한다. 기호는 외부세계의 어떠한 변화와도 단절된 순수상태를 전제로 한다. 그런데 기호론자들의 이러한 태도에 대한 비판은 체계 속에 갇힌 기호 차원의 논의가 인간 언어와 더 나아가 인간의 삶을 전체적으로 포괄할 수 없다는 데에서 출발한다. 여기서 기호와 그 기호가 구체적으로 실현되는 영역인 '담론談論(discours)'의 영역이 문제시된다. '기호'와 '담론'의 구분은 언어체계가 외부세계와 맺은 관계를 고려할 것인가, 말 것인가 하는 문제에서 생겨난다. 하나의 기호는 외부세계와 무관하게 다른 기호들과 맺은 관계에 따라 가치를 지니지만, 담론은 항상 외부세계의 지시대상을 갖는다.

언어 연구에서 시작한 대상에 대한 구조적 접근은 그 효율성으로 인해 재빨리 인문사회과학 전반으로 확대 적용되었다. 트루베츠코이는 구조적 접근의 확산에 대해 "우리가 살아가고 있는 시대는 원자론을 구조주의로, 개체주의를 보편주의로 대체하려는 모든 학문 분야의 경향에 의해 특징지어진다"[2)]는 말로 20세기 전반의 인문사회과학 분야의 특징을 간략하게 요약하고 있다. 리쾨르 또한 "1960~1970년대에 걸쳐 프랑스에서는 레비스트로스 저술의 영향으로 신화 전체와 언어, 그리고 사회 구조의 체계적인 조직화라는 생각이 광범위한 신용을 얻었다"[3)]라는 말로 20세기 후반의 지적 분위기를 요약하고 있다. 이러한 언급이 아니더라도, 우리는 현대 언어학에 새로운 방향을 도입한 '구조적' 접근이 인문사회과학의 사유 전반을 지배해왔다는 사실을 다양한 분야에서 확인할 수 있다.

하지만 앞에서 언급한 대로 구조적 접근의 이러한 확산은 여러 가지 문제를 제기해왔으며, 그것은 또한 여러 차원에서 비판적 접근의 대상이 되어왔다. 그런데 여기서 우리가 주목하고자 하는 것은 구조주의와 그 확산에 대한 비판이 구조 개념과 그에 기초한 구조분석 자체의 유효성을 전적으로 거부한 것은 아니라는 점이다. 구조 개념의 확대 적용으로 인해 생겨난 문제점을 지적하고 있는 쪽에서도 여전히 구조 개념의 유효성을 부인하지 않고 있기 때문이다. 그래서 우리는 구조주의에 대한 비판을 따라가다 보면, 구조 개념 자체에 어떤 변화를 주고자 하는 태도를 만나게 된다.

이 글에서 우리는 먼저 소쉬르 언어학의 기본 개념들을 중심으로 해서 '체계'의 문제를 검토하고자 한다. 이어서 우리는 '구조' 개념에 대한 고찰을 토대로 랑그언어학이 다른 학문 분야로 최초로 확장된 형태인 구조인류학과 그 한계에 대해 살펴보게 될 것이다. 다음으로 그러한 한계를 넘어서고자 하는 또 다른 움직임을 에밀 벤베니스트Émile Benveniste의 '담론' 이론과 리쾨르의 '해석' 이론의 대강을 통해 살펴보게 될 것이다. 마지막으로는 기호학과 의미론의 대립, 구조주의와 해석학의 상호 보완성이라는 차원에서 '의미'의 문제를 살펴보고자 한다. 그 과정에서 지난 세기에 구조주의를 둘러싸고 벌어졌던 다양한 논쟁들의 의의를 드러내고자 한다. 이러한 검토는 구조 개념 자체가 현대 인문사회과학의 논의에 제공한 의미에 대한 검토일 뿐만 아니라 구조 개념 이후 서구 사상의 한 흐름에 대한 개관이기도 하다.

체계에 대한 관심

랑그와 파롤

 소쉬르 언어학은 20세기 인문사회과학 분야에 처음으로 체계 개념을 도입했다. 소쉬르는 언어활동의 본질을 개인이 사용하는 구체적인 언어가 아닌 언어를 지배하는 보편적인 체계 속에서 찾으려 했다.

 보편적인 체계인 '랑그'와 언어 사용인 '파롤'을 구분하는 것은 '공시태'와 '통시태'의 구분, '기호체계의 닫힘'이라는 개념과 더불어 소쉬르 언어학을 구성하는 중요한 사항들이다. 랑그는 언어 체계를 의미하며 파롤은 그 체계 속의 언어 사용을 의미한다. 소쉬르 자신의 말을 빌리자면 랑그는 "수많은 경험을 통해 뇌 속에 자리 잡게 된" 집단적인 형태이며, 파롤은 "개인적이며 순간적인" "개별적 경우의 총합"(『일반언어학 강의』, 30쪽)이다.

소쉬르 이전에 언어학은 언어현상 그 자체가 아니라, 개별적인 언어 사실들이 시·공간적으로 어떻게 변해 왔는지를 연구대상으로 삼고 있었다. 즉 당시의 언어학자들은 언어현상을 역사적이고 심리적인 요인들을 중심으로 고찰한 것이다. 하지만 소쉬르는 언어현상을 상황에 따라 변할 수 있는 여러 외적 요인들과 분리해 바라보려 함으로써 현대 언어학의 기틀을 마련했다. 그리고 이를 통해 그는 '현상에 대한 구조의 우위'라는 중요한 개념의 기초를 닦았다.

뱅베니스트에 따르면 소쉬르의 언어학은 "한편으로는 역사에, 다른 한편으로는 어떤 유형의 심리학에 종속되어 있던 관계에 종지부를 찍는"(『일반언어학의 제문제1』, 21쪽) 계기를 마련했다. 이처럼 언어현상에 대한 역사적, 심리적 영향을 배제한 것이 구조주의의 출발점이라고 할 수 있다. 그러나 그 과정에서 구조주의는 역사적이든 심리적이든 구체적인 상황 속에서 개인이 행하는 역할을 배제해버리게 되었다.

소쉬르 언어학은 언어를 "사회·문화적 맥락"이라는 외적 요인과 "체계와 규칙과 관련된 것"이라는 내적 요인으로 나누고 후자를 주된 연구대상으로 삼았다. 소쉬르에 따르면 "언어학의 유일하고도 진정한 대상은 랑그인데, 이는 그 자체로서, 그것만을 위해서 고찰되어야"(『일반언어학 강의』, 271쪽) 하기 때문이다. 『일반언어학 강의』의 마지막 문장인 이 말은 랑그언어학의 중요한 토대 구실을 했다. 이러한 소쉬르의 입장은 외적 요인의 영향을 받지 않은 언어만을 연구대상으로 삼겠다는 그의 태도를 잘 보여주고 있다.

소쉬르는 랑그와 파롤을 구분한 뒤 이들을 각각 별개의 언어학의 대상으로 삼고자 했다.

> 언어활동 연구에는 두 부분이 있다. 하나는 본질적인 것으로 랑그를 그 대상으로 하는데, 언어는 본질상 사회적인 것이며 개인과는 무관하다. 이 연구는 전적으로 정신적인 것이다. 또 다른 하나는 부차적인 것으로 언어활동의 개인적인 면, 즉 발성을 포함한 파롤을 그 대상으로 한다. 이것은 정신적이고 물리적이다.(『일반언어학 강의』, 30쪽)

랑그는 언어활동의 사회적인 부분으로 말하는 사람 개인이 반드시 따라야 할 '체계'이며, 파롤은 랑그가 개인에 따라 자유롭게 실현되는 '현상'이다. 소쉬르는 개인적이든 사회적이든, 심리적이든 역사적이든 모든 외적인 영향에서 벗어나 자유로운 언어를 가정하고 그것을 연구 대상으로 삼아야 한다는 점을 강조한다. 이런 점에서 보자면 랑그와 파롤에 대한 소쉬르의 구분은 랑그의 중요성을 강조하기 위한 것으로 받아들여질 수 있다.

랑그는 말하는 사람이 처한 저마다의 독특한 상황과는 무관하게 그 자체의 고유한 법칙에 따라 존재하면서 말하는 사람을 구속하고 있다. 말하는 사람은 오로지 자신이 속한 사회 구성원들 사이의 공통적인 약속 체계인 랑그를 배워 자신의 개별적인 상황 속에서 그것을 구체적으로 실현할 따름이다. 말하는 사람 혼자서는 그 체계를 만들어낼 수도 없으며 그것을 바꿀 수도 없다. 말하는 사람은 다만 자신이 속한 체계를 반복하며 재생산하기만 할 따름이다.

개인이 처한 사회·문화적 상황에 따라 다르게 나타나는 말하는 방식은 우연한 차이에 불과할 뿐 언어활동의 본질과는 아무런 관련이 없다. 그렇기 때문에 언어활동의 본질은 말하는 사람의 구체적인 발화에 있는 것이 아니라 구성요소들 사이에 서로 구분되는 차이만을 중시하는 체계 속에 있다.

공시태와 통시태

공시태와 통시태라는 소쉬르 언어학의 중요한 구분은 랑그와 파롤의 구분과 밀접하게 관련되어 있다. 게다가 랑그에 대한 강조는 공시태에 대한 강조와 밀접한 관련이 있다. 공시태는 정해진 시점에서 작동하는 '동시적 요소들 사이의 관계'를 의미하며, 통시태는 '체계와 그 요소들의 변화'를 의미한다. 소쉬르에 따르면 언어학의 연구 대상이 되어야 할 언어 체계는 하나의 상태로서 변화와는 아무런 관련이 없다. 소쉬르가 언어가 변한다는 사실 자체를 부정하는 것은 아니다. 하지만 소쉬르는 특정한 시점의 언어구성요소에 관심을 가져야 한다고 주장한다. 랑그는 개인적인 화자와 그 화자가 처한 사회적인 맥락과는 무관하게 독립적으로 존재하는 기호들의 체계이기 때문에, 랑그에 대한 논의에는 시간의 흐름에 따른 변화에 대한 논의가 들어설 여지가 없다.

소쉬르에게 공시태와 통시태의 구분은 아주 분명하다. 이 점을 잘 설명하고 있는 컬러의 다음 설명을 따라가 보자[4]. 현대 영어에서는 you를 단수와 복수, 주어와 목적어로 모두 사용하고 있지만, 초기 영어에서는 주어 ye와 목적어 you로 구분했으며, 단수형으로 쓴 thee와 thou와도 구분했다. 하지만 현대 영어에서는 you가 이러한 구분 없이 통용된다. 문제는 여기에 있다. 즉 현대 영어의 화자는 you라는 단어가 과거에는 목적어와 복수형으로만 사용했다는 사실을 인식하지 못하고도 영어를 효과적으로 사용하는 데에 아무런 어려움을 겪지 않는다. 거꾸로 그 사실을 아는 것이 현대 영어를 효과적으로 사용할 수 있도록 해주지도 않는다. 다시 말해 시간상의 변화를 초래한 역사적인 과정을 연구한다고 해서 현재의 다양한 요소들 사이의 대립관계를 의미하는 공시적인 상태를 더 잘 알게 되는 것이 아니다.

그러므로 공시태와 통시태는 랑그와 파롤의 경우와 마찬가지로 서로 다른 언어학의 대상이 되어야 한다. 소쉬르는 각각의 언어학에 대해 다음과 같이 설명하고 있다.

공시언어학은 논리적이고 심리적인 관계를 다룬다. 이들 관계는 공존하며 체계를 이루는 사항들을 연결해주는데, 이들 사항이란 동일집단이 인식하는 바로 그대로다. 이와는 반대로 통시언어학은 연속적 사항들을 연결해주는 관계를 연구한다. 이들 사항은 동일집단의식에 따라 인식하지 않으며, 그들 사이에 체계를 형성하지 않은 채 서로 대체된다.(『일반언어학 강의』, 120쪽)

소쉬르는 공존하는 체계와 연속하는 변화를 단일 과학의 대상으로 삼을 수 없다고 보았다. 랑그를 파롤의 우위에 둔 것처럼, 소쉬르는 통시적인 연구보다 공시적인 연구를 우위에 둔다. 소쉬르는 언어대중들 앞에서 언어는 변화가 아니라 상태로서 주어진다는 사실을 강조한다. 언어의 변화는 오랜 기간에 걸쳐 이루어지는 것이어서 대중들은 그러한 변화를 인식할 수 없기 때문이다.

언어대중들은 이러한 변화를 인식하지 못할 뿐더러, 그 사실을 모른다고 하더라도 언어를 사용하는 데에 아무런 어려움을 느끼지 못한다. 그러므로 언어 상태를 연구해야 할 언어학자는 "과거를 제거"해야 한다.

언어현상을 연구할 때 가장 놀라운 것은, 시간 속에 위치한 이들 현상의 연속성이 화자에게는 존재하지 않는다는 점이다. 즉 화자는 하나의 상태 앞에 있다. 그래서 이러한 상태를 이해하고자 하는 언어학자는 이 상태를 만들어낸 모든 것을 백안시하고 통시태를 무시하지 않으면 안 된다. 언어학자는 과거를 제거함으로써 화자의 의식 속으로 들어갈 수 있다.(『일반언어학 강의』, 100-101쪽)

말하는 사람은 항상 어떤 언어 상태 앞에 놓인다. 그렇기 때문에 말하는 사람에게는 공시적인 면이야말로 유일한 현실이다. 물론 언어 상태라는 것은 변한다. 하지만 언어 상태가 변한다는 사실도 언어가 공시적인 체계라는 사실에 아무런 변화를 가져다주지 못한다.

이런 입장에서 소쉬르는 "언어는 하나의 체계로 이 체계의 모든 부분을 공시적인 유대 속에서 고찰할 수 있고, 또한 고찰해야 한다"(『일반언어학 강의』, 106쪽)고 주장한다. 소쉬르가 언어에 대한 연구는 랑그에 대한 연구이고, 그것은 동시에 공시적인 구조에 대한 연구일 수밖에 없다고 본 것은 이런 주장을 바탕으로 삼았기 때문이다.

기호체계의 닫힘

소쉬르에 따르면 랑그는 "기호들의 체계(système de signes)"이다. 소쉬르 언어학에서 기호란 '개념'을 의미하는 '시니피에 signifié'와 '청각 이미지'를 의미하는 '시니피앙signifiant'이 결합된 것으로, 이는 현대의 인문사회과학 전반에서 아주 중요한 개념이 되었다.

그런데 언어기호를 구성하는 두 가지 요소인 시니피에와 시니피앙 사이의 결합은 자의적인 것이다. 즉 시니피앙은 아무런 필연성 없이 하나의 시니피에와 연결되어 있다. 인간이 어떤 개념에 의미를 지니게 하기 위해 어떤 특정한 청각 이미지를 사용하는 데에는 필연적인 이유가 존재하는 것이 아니다. 거기에는 다만 그 언어 집단의 사회적인 약속만이 존재한다.

가령 어떤 동일한 동물을 지칭하기 위해 우리말에서는 '개'라는 단어를, 영어에서는 'dog'라는 단어를, 프랑스어에서는 'chien'이라는 단어를 각각 사용한다. 각각의 단어들은 서로 달리 나타나는 청각 이미지와는 아무런 필연적인 관련 없이 '개'라는 개념을 나타낸다.

이것뿐만 아니라 영어의 'dog'라는 단어가 'dag'라는 단어보다 '개'라는 동물을 더 잘 지칭한다고 할 수 없다. 게다가 모든 영어 사용자들이 'dog' 대신 'dag'를 사용하자고 약속하면 그렇게 될 수도 있다. 하지만 그런 일은 단기간에 쉽사리 일어날 수 없다. 이처럼 시니피앙과 시니피에의 결합은 그것을 사용하는 언어 집단과 밀접하게 관련되어 있기는 하지만 거기에는 필연성이 없다.

기호는 다만 동일한 집단 안에서 다른 기호들과 대립관계에 따라서만 의미를 지닌다. 여기서 언어기호와 외부세계의 관련성을 배제하고 언어현상을 오로지 그 자체로만 보고자 하는 "기호체계의 닫힘"이라는 구조언어학의 중요한 개념이 생겨난다. 이 개념은 기호체계가 외부세계와 단절된 상태에서 오직 내적 메커니즘에 따라서만 지배되고 있다는 것을 의미한다.

소쉬르가 말한 체스 놀이를 예로 들어보자. 체스 놀이가 언제, 어디서 생겨났는가 하는 문제와 말의 재질, 모양, 크기, 색깔 등은 체스 놀이를 이끌어가는 내적 규칙과 전혀 무관한 우발적인 사실일 뿐이다. 말은 재질, 모양, 크기, 색깔과 상관없이 각자의 역할을 수행한다. 그것은 아군과 적군의 다른 요소들과 구분되기만 하면 된다. 중요한 것은 말을 움직이는 규칙이며, 그 밖의 것은 모두 부수적인 것이다. 이는 이와 유사한 모든 놀이, 가령 바둑, 장기 등에서도 마찬가지다.

기호들의 체계로서 랑그는 인간정신과 외부세계를 연결해 주는 고리가 아니다. 그것은 독자적인 세계를 구성하며 그 세계 안에서 각각의 요소들은 다른 요소들과 맺는 관계를 통해서만 의미를 지니게 된다. 기호체계가 닫혀 있다는 것은 기호들은 자신이 속한 체계의 차원을 넘어서는 외부의 현실과 아무런 관련이 없다는 의미다.

기호들은 현재의 체계 안에 있는 여러 다른 요인들과의 변별성辨別性에 의해 의미를 지니게 된다. 소쉬르에 따라 구체적인 예를 들어보자. 우리는 가령 24시간 간격으로 떠나는 '청량리발 강릉행 오후 다섯 시 새마을 열차'가 비록 기관차, 승무원, 객차가 다르다고 해도 날마다 떠나는 기차를 동일한 기차로 인식한다. 그 기차에 동일성을 부여하는 것은 시간표에 규정된 기차의 운행 체계다. 이러한 상대적인 동일성에 따라 비록 그 기차가 어떤 돌발적인 변수로 인해 30분 늦게 출발한다고 해도 여전히 '청량리발 강릉행 오후 다섯 시 새마을 열차'가 될 수 있는 것이다.

여기서 의미를 만들어내는 것은 이 기차가 '청량리발 안동행 오후 네 시 새마을 열차' 또는 '청량리발 춘천행 오후 네 시 반 무궁화 열차'와 구분하게 하는 변별적인 자질이다.(『일반언어학 강의』, 131쪽 참조) 그러므로 의미는 선험적으로 주어지는 것이차'와 , 동일한 체계(여기서는 청량리역의 기차 운행 체계) 안의 서로 다른 기호들 사이에 존재하는 차이로 인해 생겨난다.

그러므로 우리가 언어기호 속에서 포착할 수 있는 것은 선험적으로 주어져 있는 개념이 아니라 체계 안에서 상대적으로 규정되는 가치다. 서로 구분되는 상대적인 가치에서 개념이 생성된다고 보는 것은, 그 개념이 내용에 따라 적극적으로 의미를 띠게 되는 것이라기보다는 체계 안에서 다른 요소들과 관계에 따라 소극적으로 그 의미가 규정된다고 보는 것이다.(『일반언어학 강의』, 139쪽 참조)

위의 예를 다시 보면, 먼저 청량리발 기차는 서울발이나 부산발이 아니라는 점에서, 다음으로 강릉행 기차는 안동행이나 춘천행이 아니라는 점에서, 새마을 열차는 무궁화 열차나 고속열차가 아니라는 점에서, 마지막으로 오후 다섯 시는 오후 네 시나 네 시 반이 아니라는 점에서 체계 안의 다른 요소들과 구분된다. 이러한 구분을 통해 '청량리발 강릉행 오후 다섯시 새마을 열차'가 하나의 의미를 획득할 수 있게 된다.

어떤 기호의 가치는 본래부터 주어져 있는 것이 아니라 자신이 속해 있는 체계 안의 다른 가치들과 맺는 관계에 따라 정해진다. 그렇기 때문에 기호는 동일한 체계에 속한 다른 기호와 맺는 관계를 떠나서는 의미를 지닐 수 없다. 그러므로 기호의 의미에 대해 말한다는 것은 그것이 언어체계 안에서 다른 기호에 대해서 갖는 차이에 대해 말하는 것이다. 각각의 기호는 자신을 다른 기호와 구분해 주는 고유한 무엇인가를 갖기 때문에 의미를 취하게 된다. 그러므로 기호가 체계 안에서 다른 기호들과 '구분된다'는 것과 그것이 '의미를 지닌다'는 것은 같은 말이다.

가령 '사과'라는 기호는 '배' '감' 등 다른 과일들과 구분되는 차이에 따라 하나의 의미를 지니게 된다. 게다가 앞서 말한 '개'의 경우처럼 굳이 '사과'라고 해야 할 필연적인 이유 또한 없다. 여기서는 말하는 사람이 그에 대해 갖는 느낌이나 사회·문화적 가치는 중요한 것이 아니다. 누군가 구체적인 지시 대상을 갖고 문장 속에서 '사과'라는 단어를 사용했을 때 생겨나게 될, 그때마다 달라지는 독특한 의미는 언어 외적인 것으로 간주되어 논의대상에서 배제된다.

소쉬르는 언어학을 기호학의 일종으로 보고자 했는데, 『일반언어학 강의』에는 이미 그 토대가 될 원칙들이 드러나 있다. 소쉬르에 따르면 인간 언어는 문자체계, 수화법, 상징적 의식, 예법, 군용신호 등 인간생활의 다른 여러 요소들과 마찬가지로 "관념을 나타내는 기호체계"(『일반언어학 강의』, 27쪽)다. 그렇기 때문에 인간 언어 또한 인간 생활을 구성하는 다른 기호체계들과 마찬가지로 기호학의 대상이 된다. 언어학의 문제를 기호학의 문제로 보고자 하는 소쉬르의 의도가 잘 드러나 있는 중요한 지적을 따라가 보자.

> 언어학적 문제는 무엇보다도 기호학적이며, 우리 논지의 모든 전개는 그 의미가 이 중요한 현상에서 오는 것이다. 만약 언어의 진정한 특성을 찾으려 한다면, 우선 언어와 이의 동류인 다른 모든 체계의 공통점 속에서 언어를 파악해야 한다. (중략) 이렇게 함으로써 언어학적 문제를 밝힐 수 있을 뿐만 아니라 의식, 관습 따위를 기호로 고려할 때 이 현상들이 새로운 모습으로 나타날 것이고, 또 이들을 기호학 속에 묶어서 이 과학의 법칙에 따라 설명할 필요를 느낄 것이라고 생각한다.(『일반언어학 강의』, 28쪽)

언어학은 기호학과 연결됨으로써 현대의 여러 과학 사이에서 자리를 차지할 수 있게 되었다. 소쉬르에 따르면 기호학은 "사회생활 속에 있는 기호의 삶을 연구하는 과학"이다. 그것은 "우리에게 기호가 무엇이며 어떤 법칙에 따라 지배되는지"(『일반언어학 강의』, 27쪽)를 가르쳐 주는 학문이다. 소쉬르는 언어학도 일반 과학으로 기호학의 한 부분이며, 기호학의 법칙들은 언어학에도 마찬가지로 적용될 수 있을 것이라고 보았다. 이처럼 언어를 사회생활을 구성하는 여러 가지 기호체계들 중의 하나로 보고, 언어학을 기호학의 일부분으로 본 것은 소쉬르의 언어 연구가 지향한 중요한 방향이다.

그런데 소쉬르 언어학이 안고 있는 근본적인 문제는 이들 기호체계를 외부세계와 연결짓지 못했다는 데에 있다. 소쉬르는 기호체계를 외부세계와는 무관한 자족적인 체계로만 보고자 한 것이다. 하지만 의미작용의 문제를 단순히 기호학적 차원에서만 고찰하려 한 소쉬르의 입장은 언어활동의 본질이라는 측면에서 중요한 한계에 직면해 있다.

그 한계는 언어체계와 외부세계의 연결을 차단함으로써 언어활동의 일부분만을 고찰하고 말았다는 것이다. 가령 리쾨르는 "소쉬르처럼 랑그가 기호체계라고 말하는 것은 언어활동의 여러 양상 중에서 단 하나의 성격만을 말하는 것이지 그 전체적인 현실을 밝히는 것이 아니다"(『살아있는 은유』, p.91)라는 주장에서 소쉬르 언어학의 한계를 지적하고 있다.

닫혀 있는 체계를 연구대상으로 하는 기호학에서는 기호체계가 외부세계와 맺는 관계를 다루지 않는다. 기호학적 연구에서 개인적인 것은 고려대상이 아니며 우발적인 상황은 일어나지 않은 것으로 간주한다. 랑그언어학이 지향하는 기호학적 의미작용에 대한 비판은 여기에 그 초점이 맞추어져 있다.

이제까지 한 논의를 정리해보자. 구조언어학은 20세기 초

프랑스를 중심으로 언어현상에 대한 실증적 연구에 대한 반발로 대두되었다. 그런데 그것은 인간의 실제 언어 수행보다는 언어 체계에 더 많은 관심을 가졌다. 이렇게 해서 랑그와 공시태는 각각 파롤과 통시태보다 우선적으로 고려되었다. 또한 여기서 체계는 어떤 대상이나 현상의 동시적 관계를 의미하는 것으로 외부세계와 관계가 완전히 단절된 상태를 전제로 한다.

체계에서 구조로

체계에서 구조로

 생물학이나 건축 분야에서 이미 널리 사용하던 '구조'라는 개념은, 앞에서 지적한 것처럼, 소쉬르의 연구에서 그 토대가 닦인 구조언어학의 대두와 더불어 그 의미가 새롭게 받아들여지게 되었다. 생물학에서 구조는 "살아있는 자율적 조직체"나 "구조화된 화학적 질서"[5]를 의미한다. 건축 분야에서 이 말은 '구축하다'라는 의미를 띠는 라틴어의 struere/structus의 파생어인 structura에서 온 것으로 '건축물이 축조되는 방식'을 의미한다.

 이처럼 구조라는 말은 원래 '대상을 구성하는 양식이나 그 결과물'이라는 의미로 사용되었다. 이러한 기존 개념이 확장되어 여러 구성요소들이 서로 연관되어 있으면서 자율적으로 조절되는 전체를 의미하게 되었다. 피아제는 전체성, 변형, 자율통제라는 말로 구조의 성격을 요약하고 있다.[6]

인문사회과학 분야의 경우, 우선적으로 언어 연구에 도입된 이 개념은 그 이후 아주 광범위한 영역에서 다양한 의미로 사용되었기 때문에, 그 개념 정의를 시도한다는 것 자체가 무의미할 정도가 되어버렸다. 구조 개념의 일반화가 개념 정의 자체를 그만큼 어렵게 만들고 있는 것이다. 이런 상황은 이 개념이 인문사회과학 분야에 막 도입하던 20세기 전반에도 이미 인식되기 시작했다.

가령 크뢰버는 "구조라는 용어는 우리가 그 말을 사용할 때 머리 속에 떠올리게 되는 것에 아무 것도 덧붙여주지 않는다"[7]라는 말로 구조 개념이 일반화된 상황을 잘 표현해주고 있다. 그런 만큼 구조 개념을 정의한다는 것은 결코 쉬운 일이 아니다. 그런데도 많은 사람들이 구조 개념을 정의하고 구조적으로 사물을 바라본다는 것이 어떤 의미를 띠는지를 규명하기 위한 시도를 해왔다.

벤베니스트에 따르면 구조 개념은 애초에 언어학자들이 "언어에 대한 오로지 역사적인 관점과 언어를 고립된 요소들로 분리해 그 변형 과정을 추적하는 데에 전념하는 언어학에 저항"(『일반언어학의 제문제1』, 134쪽)하기 위해 고안한 것이다. 하지만 이 개념은 적용 분야에 따라 다양하게 나타남에 따라 유일하게 받아들일 수 있는 단 하나의 개념을 찾는다는 것이 불가능하게 되어 버렸다. 다시 말해 구조 개념의 폭넓은 적용이 결국 그 명확한 내용을 없애버린 것이다.

구조언어학의 토대를 닦은 소쉬르는 사실 오늘날의 구조를 지칭하는 개념으로 '체계'라는 개념을 사용하고 있다. 즉 그는 랑그를 '기호들의 체계'라고 정의함으로써 구조에 대한 긴 논의의 실마리를 제공했다. 체계란 전체와 부분 사이의 관계, 그리고 부분들 상호간의 관계를 의미하는 것이다. 그에 따르면(『일반언어학 강의』, 151쪽), 체계 속에서 전체는 부분 때문에 가치를 지니게 되고 부분 역시 전체 속에서 자리 잡고 있기 때문에 가치를 지니게 된다.

벤베니스트는 소쉬르의 체계 개념에서 출발해 구조라는 말을 무엇보다도 "전체의 부분으로서의 배열"과 "상호 조건짓는 부분들 사이의 연대성"(『일반언어학의 제문제1』, 22쪽)으로 정의하고 있다. 그에 따르면 구조에 대한 연구는 항상 전체의 존재를 전제로 하고 있기 때문에 어떤 사물이나 현상들의 구조를 파악한다는 것은 그 대상들을 고립적이고 분해할 수 있는 요소들의 단순한 총합으로 파악하는 것이 아니다. 자율적인 단위의 전체는 다양한 요소들 사이의 유대관계 속에서 드러나며 나름대로 고유한 법칙을 지닌다.

하나의 대상을 구조적으로 바라본다는 것은 그것을 잡다한 현상들의 집합체로 보는 것이 아니다. 구조에 도달하기 위해서는 "변별적 요소들을 분리하고, 이 요소들의 결합법칙을 세워야"(『일반언어학의 제문제2』, 38쪽) 한다. 소쉬르의 언어 연구에서도 최우선적인 관심사는 다양한 경험들을 지배하는 '본질'에 대한 관심을 바탕으로 "경험의 구체적인 양상 아래에 놓인 체계를 탐구하는 것"[8]이다.

소쉬르의 언어 연구는 역사적 연구에 대항해서 "주어진 대상의 역사를 만들기에 앞서, 기원·진화·확산의 문제들을 제기하기에 앞서, 외부의 영향을 통해 대상의 성격을 설명하기에 앞서, 이러한 '대상을 한정하고, 정의하고, 묘사하기' 시작한"[9] 데에서 출발한다. 문법규칙을 수집한다거나 어떤 규칙이나 현상의 역사적 변화 목록을 작성하거나 설명하는 데에서 그치는 것은 엄밀한 의미의 언어 연구라고 할 수 없다.

19세기 인문과학을 지배한 일반적인 경향은 구체적인 인간 현상에 대한 실증적이고 역사적인 관심이었다. 사상적인 측면에서 이 시대는 계몽주의의 연장선상에 있는 실증주의의 시대였기 때문이다. 실증성을 중시하는 경향은 문학 분야에서도 예외 없이 드러났다. 가령 졸라는 당시 자연과학 분야에서 널리 알려진 생리학자 베르나르의 '실험의학'의 방법론을 소설에 적용해 '실험소설론'을 제창했다. 그보다 앞서 텐느는 문학 작품을 결정짓는 세 가지 요인을 '종족' '환경' '시대'로 보고 이를 통한 실증적인 연구를 주창하고 나섰다.

구조주의자들이 반대한 것은 바로 이러한 실증주의적 사유 방식이다. 다양한 현상을 넘어 사물의 본질을 간파하고자 했던 구조주의는 낱낱의 사실들에 대한 실증적인 검증을 중시한 실증주의에 등을 돌릴 수밖에 없었다.

소쉬르가 제기한 구조주의적인 사유방식은 무엇보다도 먼저 음운론 분야에서 드러나기 시작했다. 각각의 음운은 독자적으로 존재하는 것이 아니라 무수한 상관관계들 속에 존재하며 이러한 상관관계들은 하나의 체계를 형성하고 있다. 그러므로 어떤 음소를 정의한다는 것은 다른 음소들과의 차이를 통해 체계 사이에서 그 위치를 지정하는 것이다. 음운들의 체계란 고립된 음소들의 기계적인 합이 아니라 여러 음소들이 만들어내는 하나의 유기적인 전체다.

트루베츠코이는 여기서 출발해 음운론의 몇 가지 원칙을 다음과 같이 정리하고 있다. 우선 음운론은 의식적인 언어현상에 대한 연구에서 무의식적인 하부구조에 대한 연구로 나아간다. 다음으로 음운론은 용어들을 독립적인 실체로 보기를 거부하고 체계 속에 표현되는 용어들의 관계에 대한 연구에 몰두한다. 마지막으로 음운론은 구체적인 음운현상들을 지배하는 일반법칙을 찾으려 한다. 음운론 분야의 이러한 몇 가지 원칙들은 체계와 구조를 바라보는 시각의 기본적인 토대가 되고 있을 뿐만 아니라 구조언어학과 나아가서 구조주의 일반의 기초가 되고 있다.

구조인류학의 등장

랑그에 대한 소쉬르의 논의에서 시작해 음운론 연구를 통해 진전된 체계와 구조에 대한 논의는 레비스트로스의 구조인류학의 등장과 더불어 그 적용 영역이 현저히 확장된다. 그에게 오면 언어현상에 한정해 적용되던 체계와 구조 개념이 인간의 정신세계 전체로 확대 적용되기 때문이다.

레비스트로스에게 구조란 "모든 정신에 공통되는 근본적이고 구속적인 속성"10)을 의미한다. 그에게 구조분석은 "정신생활의 기본현상, 즉 정신생활을 조건짓고 일반적인 형태들을 규정하는, 무의식적 사고의 층위에 놓이는 기본현상"11)을 밝히는 것이 목적이다. 그만큼 레비스트로스의 구조인류학은 특정 사회집단을 구성하는 '인간정신의 구조'를 규명하는 것을 최종 목적으로 삼고 있다.

그렇기 때문에 레비스트로스에 이르러 구조분석이 더는 언어현상에 대한 연구에만 한정된 개념이 아니게 된다. 그것은 이제 인간의 문화현상 전체에 대한 연구로 확대 적용할 수 있는 개념이 된다. 레비스트로스 또한 처음에는 관계의 체계를 사용해 원시사회의 친족관계를 설명하는 것에서 시작했다. 하지만 그는 곧 신화체계 전반으로, 나중에는 인간의 정신생활 전반으로 구조 개념을 확대 적용해나가기에 이른다.

즉 레비스트로스는 『친족의 기본구조』에서 확립한 자신의 구조주의적 방법을 『야생의 사고』에 이르러 현저하게 확대시킨다. 여기서 그는 '의미의 대수학'을 정립하고자 한다. 즉 그의 생각은 "문화적 행동이 정보를 전달해주는 능력이 있다면 그런 문화적 코드가 출현하는 코드는 대수학적 구조를 가지고 있어야 한다"12)는 것이다.

이를 보여주기 위해 레비스트로스는 소쉬르, 야콥슨 등이 제시한 언어학의 모델에서 출발하고 있다. 리쾨르의 지적대로 레비스트로스에 와서 확립된 "구조주의의 방법은 언어학적 모델을 인류학과 인문과학에 적용한 것에서 유발되었다."(『해석들의 갈등』, p.35) 리쾨르는 구조인류학의 기원에 대해서 검토하면서 다음과 같이 지적하고 있다.

> 구조주의의 기원에서 우리는 소쉬르와 그의 『일반언어학 강의』와 무엇보다도 트루베츠코이, 야콥슨, 마르티네 등과 더불어 언어학에서 엄밀한 의미의 음운론적 방향설정을 발견하게 된다. 이들과 함께 체계와 역사 사이의 관계 전복을 목격하게 된다.(『해석들의 갈등』, p.35)

앞서 지적한 랑그와 파롤에 대한 소쉬르의 구분은 레비스트로스의 구조분석에서도 기본적인 토대가 된다. 한 언어의 화자는 자신이 속한 사회의 모든 구성원들이 공유하고 있는 단어, 문법, 억양 규칙들을 사용해서 자신만의 발화를 재구성한다. 레비스트로스는 한 사회가 공유하고 있는 여러 가지 문화적 규약, 다시 말해 음식, 행동, 의복 등에 관한 규약을 일종의 랑그로 본다. 레비스트로스의 구조주의는 한 사회, 한 문명이 지닌 이러한 문화적 규약을 탐구하려는 것이다.

레비스트로스는 음운론적 혁신이 현대 인문사회과학에 가

져다 준 성과에 대해 "음운론의 탄생은 언어학의 관점만을 혁신한 것이 아니다. (중략) 음운론은 핵물리학이 자연과학 전반에 대해 행한 것과 같은 혁신적인 역할을 수행했다"(『구조인류학』, p.39)고 평가하고 있다. 레비스트로스 역시 처음에는 단지 "친족 용어가 음소처럼 의미작용의 요소들"(『구조인류학』, p.40)이라는 입장을 전제로 음소체계와 친족명칭이 유사관계에 있음을 보여주는 데에서 만족했다.

음소와 친족 명칭, 나아가 신화소들이 자신이 속한 체계 속의 상호관련에 따라서만 의미를 지니게 된다는 생각은 신화의 구조분석의 중요한 출발점이다. 레비스트로스에게 와서 체계적으로 정립된 구조주의는 확산을 거듭함으로써 소통, 의미작용, 코드, 메시지, 담론 등의 많은 개념에 새로운 의미를 부여하게 된다. 이러한 개념들의 의미 확장과 더불어 구조주의는 실존주의 진영과 해석학 진영을 비롯한 현대의 다양한 사상들과 논쟁을 벌이게 된다.

그렇다면 단순히 언어현상을 설명하는 데에 유용한 도구에 불과하던 구조 개념이 20세기 들어 지속적으로 성공하게 된 이유는 무엇일까? 레이몽 부동Raymond Boudon은 『구조 개념은 무엇에 쓰이는가?』[13]라는 책에서 그 이유를 "수많은 분야에서 자신들의 연구대상을 구성하는 요소들의 상호관련성을 설명할 수 있고 검증할 수 있는 이론들을 구축할 수 있는 과학적 변화"(p.32) 때문이라고 지적하고 있다. 그에 따르면 인문사회과학 분야에서 구조 개념은 체계의 존재에 대한 이해가 아니라 체계를 부여하려는 욕망과 더불어 정립된다.

    구조주의의 혁명은 사람들이 언어, 개성, 시장, 사회가 체계를 지니고 있다고 이해하게 된 순간에 생긴 것이 아니라, 사람들이 과학적 이론의 도움으로 이러한 체계를 분석할 수 있는 정신적인 도구를 상상하게 된 순간에 생겨난 것이다.14)

구조 개념의 확산에 대해 부정적인 입장을 취한 부동은 구조주의의 태도가 자연적 사물을 수학적 질서를 통해 설명하고자 하는 현대과학의 욕망에서 기인한다고 보고 있다. 그런데 그는 구조 개념이 인문사회과학에서 만능열쇠가 될 정도로 유행하게 된 원인을 개념 자체의 탁월성에서가 아니라 그것이 적용되는 대상의 특수성과 그것을 사용하는 사람들의 천재성에서 찾고 있다.

부동은 대상의 특수성에 대해 언급하면서 가령 레비스트로스가 자신의 구조분석 방법론을 역사적 맥락이 중요하지 않은 원시사회에만 한정해서 적용했다는 점을 염두에 두고 있다. 다시 말해 구조분석은 결국 언어체계, 친족체계, 요리체계 등 한정된 대상에 한해서만 유효하다는 것이다. 사용하는 사람들의 천재성이란 구조주의 방법론의 형태적인 세련됨을 극단적으로 밀고 나갈 수 있었던 레비스트로스를 비롯한 몇몇 사람들의 탁월한 재능을 말하는 것이다.

구조주의 자체에 대한 포괄적인 비판으로 볼 수 있는 이러한 입장은 먼저, 추상적인 체계로서의 랑그 연구의 한계와 역사적 맥락과 무관한 것으로 전제한 문화 연구의 한계를 지적하는 것이다. 다음으로, 이러한 입장은 구조주의의 생성과 확산에 소쉬르와 레비스트로스가 얼마나 광범위하고 절대적인 역할을 수행했는지를 보여주고 있다.

구조주의가 인간현상을 분석하는 "만병통치약"15)이 될 정도로 확산되었다는 지적은 구조 개념 자체의 성급한 일반화에 대한 부정적인 견해를 요약하고 있다. 그것은 또한 구조 개념의 확대 적용을 통해 개념 자체가 모호해져 버렸다는 사실에 대한 인식이기도 하다. 그것은 사용하는 사람에 따라 아주 다양한 의미로 사용하는 구조라는 용어가 하나의 유일한 의미를 지니고 있기나 한지, 그리고 '구조주의적'이라고 부를 수 있는 하나의 방법론이 실제로 존재하는지에 대한 비판적인 문제제기라고도 할 수 있다.16)

구조주의는 인간의 정신세계를 전체적인 체계라는 관점으로 바라본다고 하는 중요한 성과를 가져왔지만, 그것은 처음부터 동시대의 다른 많은 중요한 개념과 충돌할 수밖에 없었다. 그 과정에서 인간의 주체적인 사유에 대한 억압은 구조주의의 가장 큰 한계로 지적받아 왔다. 이러한 한계로 해서 구조주의는 시간과 공간에 따라 다양한 모습으로 나타나는 인간의 삶에 대한 해석인 역사에 관한 논의를 배제할 수밖에 없었다.

구조주의는 현실 속에 있는 그대로의 '실존'을 선험적인

'본질'보다 앞서는 것으로 본 사르트르의 실존주의와는 정반대인 사유라고 할 수 있다. 이는 나중에 역사 문제를 둘러싼 레비스트로스와 사르트르 사이의 충돌로 이어진다. 레비스트로스는 『야생의 사고』의 '결론: 역사와 변증법'에서 사르트르의 『변증법적 이성비판』에서 제기된 사유를 정면으로 비판하고 있다. 그는 여기서 자신이 사르트르의 몇 가지 용어를 사용해서 이 글을 써왔음을 지적함으로써 자신이 제기하는 분석적 사유가 사르트르가 말하고 있는 변증법적 사유와 뚜렷하게 대비되는 것임을 분명히 하고 있다.

실존주의가 지향하는 변증법적인 역사관에 대한 레비스트로스의 비판은 1952년에 나온 그의 저서 『인종과 역사』에서도 잘 나타나 있다. 여기서 표명한 레비스트로스의 생각은 『야생의 사고』에서 더욱 직접적으로 드러나 있다. "실존은 본질에 앞선다"는 사르트르의 유명한 명제에서 '실존'은 바로 구체적인 '현상'을 의미하며 '본질'은 선험적인 '구조'를 의미한다.

구조의 형식성

랑그언어학의 두드러진 특징은 "대상을 형식화하려는 노력"(『일반언어학의 제문제1』, 19쪽) 속에 존재한다. 랑그언어학은 인간 언어를 형식으로 보고 인간의 다양한 언어활동을 가로지르는 뼈대를 찾아내고자 했다. 이를 바탕으로 랑그언어학은 언어현상을 외부 현상과 관련짓지 않고 그 자체로 보고자 함으로써 현대 언어학의 토대를 닦게 되었다. 그런데 랑그언어학의 한계는 그 성과로 인정받은 바로 그 지점에 존재하며, 그에 대한 비판 또한 바로 그 지점에서 시작한다. 랑그언어학은 형식에 대한 연구에 치중하고 구체적인 발화와 발화가 실행되는 구체적인 상황을 도외시했다는 점에서 다양한 사유체계의 비판 대상이 되었다.

랑그에 대한 논의는 기호체계의 닫힘이라는 원칙을 통해 언어와 세계의 연결 문제, 다시 말해 무엇인가에 대해 말하는 언어활동의 본질적인 문제를 언어학의 연구대상에서 배제해 버렸다. 그래서 구조언어학에서 체계와 구조는 의미의 측면이 제거된 채 순전히 형식으로만 존재하게 되었다. 구조주의의 분석 방식에 대한 비판은 대부분 구조가 지닌 이러한 '형식성'에 집중해 있다.

구조가 지닌 '형식성'과 구조주의가 보여주는 '추상성'은 소쉬르의 체계 개념 속에 이미 그 싹이 들어 있다. 체계 속에는 그 자체로 의미의 두터움을 지닌 절대적인 항목이 존재하지 않으며, 모든 것이 다른 것들과 맺는 관계 속에서 상대적으로 존재한다. 기호는 구체적인 사물과 맺는 관계 속에서 의미를 획득하는 것이 아니라, 단지 동일한 수준의 다른 기호들과의 대립관계 속에서 순전히 내적인 차이로만 정의된다. 이렇게 해서 급속히 형태적 세련으로 나아가 버린 구조주의에 대해 벤베니스트는 다음과 같이 비판하고 있다.

오늘날 언어학자들에게 언어 사실들이 추상적인 것으로 변질되고 대수학적 구조를 지닌 비인간적 자료가 되거나 방법에 관한 무미건조한 논쟁의 논거로 사용되고 있다.(『일반언어학의 제문제1』, 35-36쪽)

구조주의가 인간정신의 역동성을 고려하지 않고 정태적인 차원의 논의에 머무르고 말았다는 것은 다양한 차원에서 진행된 구조주의 비판의 핵심이다. 레비스트로스에게 신화 연구의 궁극적인 목적은 인간집단의 공통적인 무의식 구조를 밝히는 것이다. 신화의 의미는 신화소들 사이에 존재하는 형식적 관계망에 따라 생겨나는 것이기 때문에 신화의 구조분석에서 중요한 것은 신화의 '구성요소'들과 그들 사이의 관계지 그 '의미내용'이 아니다.

말하자면 레비스트로스의 신화분석에서는 문화적, 역사적, 사회적 맥락과 의미내용이 빠져 있다. 레비스트로스는 신화의 역사적, 사회적 의미를 배제한 채 신화를 몇몇 신화소로 분절한 후, 각 요소들 사이의 관계를 규명함으로써 신화의 의미를 분석하고자 했다.

소쉬르의 언어학부터 언어는 형식(forme)이었지 실체(substance)가 아니었다. 언어를 형식으로 봄으로써 인간이 말을 하게 되는 구체적인 상황, 말하는 사람의 주관성과 말하는 대상인 사물이나 세계에 대한 관심이 들어설 여지가 없게 되었다. 언어를 형식체계로 보는 랑그언어학의 입장이 신화를 관계의 다발로 보는 구조인류학으로 이어지게 된 것이다. 신화의 구조분석은 애초에 신화의 구성요소들을 언어기호와 동일시하고 이를 체계 속에 편입시켜 그 의미를 찾아내고자 한 레비스트로스의 태도에서 시작한다.

> 친족의 명칭은 음소와 마찬가지로 의미작용의 요소들이다. 그것들은 또한 체계 속에 편입되었을 때 비로소 의미작용을 할 수 있다. 친족체계는 음소체계와 마찬가지로 정신에 따라 무의식적 사고의 수준에서 생성된다."(『구조인류학』, pp.40-41)

레비스트로스의 신화 연구는 구체적인 맥락과 내용을 중시하는 파롤에 관한 연구가 아니라 형식을 의미하는 랑그에 대한 연구다. 그렇기 때문에 신화체계는 신화의 파롤을 떠나 신화의 랑그로 넘어가면서 분석대상이 된다.

구조인류학은 인간의 삶에서 신화가 어떤 구체적인 기능을 하는가 하는 근본적인 질문에 대해서는 관심이 없다. 그렇기 때문에 구조주의적 방법론의 한계는 달리 보자면 이론적인 측면을 실천적인 측면으로 연결하지 못했다는 데에 있다. 여기서 구조주의는 현실에 대한 학문이라기보다는 추상적인 것에 대한 공허한 놀이에 불과한 것이라는 근본적인 비판이 생겨난다.

이론과 실천의 이러한 차이는 실제로 지난 세기의 사회적

격변에 대한 레비스트로스의 초연함과 사르트르의 치열함 사이의 대립으로 나타났다. 역사 인식에서 레비스트로스와 정반대되는 입장에 선 사르트르에게 있어서 인간에 대한 연구에서 중요한 것은 추상적인 것에 관한 놀이가 아니라 현실적인 것에 대한 고려다. 실존주의의 입장에서 현실이란 형식적인 '기호'가 아니라 인간이 실제로 체험한 '의미'로 구성되어 있다. 의미는 대상에 대한 형식적인 분석으로는 파악되지 않는다. 이러한 입장을 잘 나타내고 있는 언급을 보자.

> 과학적인 지식이 아무리 중요하다고 해도, 그리고 현실을 자르고 분류하고 다시 조합하려는 항상 다시 시작하는 노력이 우리의 인식 지평을 확장시키는 데에 아무리 유용하다고 해도, 존재는 구체적인 것이라는 사실을 잊어서는 안 된다.[17]

구조를 인식한다는 것은 구체적인 것을 인식하는 것이 아니다. 그러므로 구조주의적인 인식의 확산은 "인간이 지닌 엄밀하게 인간적인 측면을 무시"[18]하는 태도의 확산을 의미한다.

랑그 속에서는 아무도 말을 하지 않는다. 그러므로 랑그를 연구할 때 상황에 따라 변화하는 말하는 주체가 중요한 것이 아니다. 레비스트로스의 이러한 태도에 따르면 주관성에 사로잡혀 있는 현상학과 실존주의적 사유와 대립할 수밖에 없었다. 어떤 구조주의 비판자는 레비스트로스의 이러한 태도에 대해 "반인문주의적"[19]인 것이라고 지적하고 있다. 구조주의는 개인적인 것을 집단적인 것으로, 자율적인 의식을 범주적인 무의식으로 환원시켜 버린다. 그렇게 함으로써 구조조의의 논의에서 구체적인 인간의 역할과 의미에 대한 논의가 생략되어 버린다.

랑그언어학이 전제로 하는 "엄밀성"은 "의미작용, 또는 의미라고 하는 파악할 수 없고 주관적이고 분류할 수 없는 요소를 제거하기를 요구한다."(『일반언어학의 제문제1』, 25쪽) 왜냐하면 원래 "기호학적 질서는 주체 없는 체계의 차원"(『해석들의 갈등』, p.256)이기 때문이다. 결국 언어의 형식성을 중시한 구조주의는 '코드'를 다루기 위해 '메시지'를, 보편적인 '체계'를 다루기 위해 우연적인 '사건'을, 대상의 '구조'를 다루기 위해 주체의 '의도'를 논의에서 배제해 버린 것이다.

구조분석의 한계

구조주의의 이러한 태도는 1960년대 초 『야생의 사고』를 둘러싸고 벌어진 레비스트로스와 리쾨르의 논쟁을 촉발시킨다. 『야생의 사고』가 출간된 직후, 『에스프리』지 철학그룹이 주관했던 이 논쟁은 지난 세기에 진행되었던 여러 사상 논쟁들 중에서 가장 치열한 것이었다고 할 수 있다. 구조주의와 해석학의 상호보완적인 관계를 확인한다는 리쾨르의 의도가 이 논쟁에서 구체적인 성과를 거둔 것은 아니지만, 이 논쟁은 구조와 주체, 기호와 의미 사이의 대립에서 출발하여 많은 문제를 제기했다.

여기서 리쾨르는 벤베니스트의 담론 개념에 의지해 언어 연구란 추상적인 상태가 아니라 항상 구체적인 실현을 대상으로 해야 한다고 주장한다. 다시 말해 그는 인간 언어에 대한 연구는 '랑그'와 '기호'라는 추상적인 언어가 아니라 '담론'이라는 실제 언어를 대상으로 해야만 성과를 얻을 수 있다고 보았다.

이런 입장에서 리쾨르는 소쉬르가 주장하는 랑그의 우위성이 지닌 한계를 지적하면서, 랑그에 대한 연구는 담론에 대한 연구로 이어져야만 의미를 지닐 수 있다고 주장한다.

> 기호학적 차원은 따로 떨어져서 고려할 경우, 그것이 없이는 언어가 존재하지 않게 될 결합조건의 총체에 불과하다. 하지만 있는 그대로의 결합은 아직 의미하는 힘을 가진 언어가 아니다. 그것은 단지 랑그라고 부를 수 있는 체계들의 체계다. 잠재적인 것에 불과한 그 존재는 담론으로서의 무언가를 가능하게 해준다. 그런데 담론은 매번 담론현실태 속에서만 존재한다.(『해석들의 갈등』, p.250)

여기서 리쾨르는 '잠재적인' 언어가 아니라 '의미하는 힘'을 지닌 인간 언어를 고려할 것을 제안한다. 무엇보다도 언어활동이 처한 구체적인 상황에 관심을 가져야 한다는 것이다. 더 나아가 그는 말하는 인간이 어떻게 자신을 구체적인 현실 속에서 드러내고 자신의 의도를 다른 사람들에게 전달하는가 하는 문제에 관심을 가져야 하며, 현실 속에서 일어나는 구체적인 담론을 통해 자신과 인간을 이해해야 한다고 주장하고 있다.

리쾨르는 랑그언어학과 구조인류학은 각각 인간의 언어생활과 정신세계 전체를 이해할 수 있도록 해주지 못한다고 본다. 그에 따르면 구조인류학은 인간현상의 제한된 분야에서만 유효한 것을 전체로까지 확산했으며, 레비스트로스가 강조하는 언어구조와 문화구조의 상동관계는 충분히 입증된 것이 아니다.

리쾨르는 레비스트로스의 구조인류학의 한계를 다음과 같이 두 가지로 제시하고 있다. 우선, 야생의 사고에서 인간사유 전체로의 이동이, 예외적으로 보이는 너무 호의적인 예에 입각해서 이루어지고 있다. 다음으로, 구조 '과학'에서 구조 '철학'으로 이동하는 것이 그다지 만족스럽지도 않으며, 심지어 그다지 조리 있게 이루어지지도 않는다.(『해석들의 갈등』, p.48)

가령 리쾨르는 예술과 종교 등과 같은 복잡한 문화현상을 다루면서 구조를 이해하는 것이 과연 무슨 의미가 있을까 하는 의문을 제기하고 있다. 이러한 의문은 야생의 사고에 대한 레비스트로스의 논의가 대상의 차이를 고려하지 않은 채 무차별적으로 진행되었다는 것에 대한 혐의다. 토테미즘 사회의 경우 구조주의적 방법론을 적용함으로써 치러야할 대가인 내용의 무시가 그다지 중요한 것은 아니다. 그 반대급부인 배열에 대한 의미부여가 상대적으로 크기 때문이다.

문제는 토테미즘 사회에서 가능한 예가 모든 사회에 보편적으로 적용할 수 없다는 데에 있다. 리쾨르에 따르면 레비스트로스는 자신의 논리를 증명할 때에 자신에게 꼭 맞는 예들만 참조했다. 그 예들은 문자가 없어서 의미의 두터움을 고려할 필요가 없는 문화에서 따온 것들이다. 레비스트로스의 이러한 분석태도는 문자로 축적한 이야기 때문에 계속적인 재해석의 여지를 지닌 문화에 대해서는 타당한 것이라고 볼 수 없다. 가령 서구 기독교 문화의 경우에 구조를 강조하기 위해 지불해야 할 대가가 너무 크다. 이런 사회에서는 배열보다는 내용이 훨씬 더 중요한 것이기 때문이다. 이렇게 볼 때 레비스트로스의 구조분석은 역사와 전통이 우세한 사회에서는 타당한 방법이 될 수 없다.

리쾨르에 따르면 구약의 의미를 이해한다는 것은 구약의 사건들에 대한 체계적인 분류와 그들 사이의 유대관계를 드러내는 것이 아니다. 그것은 사람들 각자 태초의 사건들을 어떻게 받아들이는가 하는 문제와 관련되어 있다. 이와 마찬가지로 엘리아데에게 한 민족의 기원신화는 그 구성원들이 태초의 행위를 끊임없이 다시 체험하고 자신의 것으로 만들어나감으로써 의미를 지니게 되는 것이지, 그에 대한 지적인 분석이 의미를 가져다주는 것은 아니다.

인간의 역사와 전통은 끊임없이 재해석되는 것이고, 거꾸로 해석행위가 의미를 지니기 위해서는 역사와 전통 속에 뿌리를 내려야 한다. "모든 전통은 해석을 통해서 살아가기"(『해석들의 갈등』, p.31) 때문이다. 리쾨르에게 해석은 전통의 생명이다. 전통은 단지 해석하는 주체의 분석대상으로만 존재하는 것이 아니라 끊임없이 주체의 삶 속으로 파고든다. 이에 반해 구조분석은 대상과 주체 사이의 완전한 단절을 전제로 하고 있다.

야생의 사고는 질서의 사유이다. 하지만 그것은 스스로 사유하지 않는 사유다. 이런 점에서 야생의 사고는 구조주의의 여러 조건들에 잘 맞아떨어진다. 즉 그것은 무의식적인 질서 - 차이들의 체계로 인식된 질서 - 로 '관찰자로부터 독립되어' 객관적으로 다룰 수 있는 질서다. 그래서 무의식적 차원의 배열만이 명료한 것이 된다. 여기서 이해한다는 것은 의도들을 다시 취하는 것이 아니다. 그리고 이해한다는 것은 그 자체로 지속적인 전통 속에 새겨지는 해석이라는 역사적 행위를 통해 그 의도들에 생명을 부여하는 것도 아니다. (중략) 나는 그 방법론을 한 마디로 정의하겠는데 그것은 의미론을 버리고 통사론을 선택하는 것이다. 만약 이러한 선택이 일관성 있게 제기된 내기 정도라면 완전히 정당하겠지만 이것은 내기가 아니다. 하지만 불행하게도 이러한 선택은 타당성의 조건들에 대한 성찰, 이러한 유형의 이해 때문에 치러야 하는 대가에 대한 성찰이 결여되어 있다.

요컨대 거기에는 이전의 저작에서는 군데군데 나타나는 자신의 한계에 대한 성찰이 결여되어 있다."(『해석들의 갈등』, pp.43-44)

구조분석에서는 "관찰자와 체계 사이에 비역사적인 관계가 설정"되기 때문에, 이해한다는 것은 "의미를 다시 취하는 것이 아니다."(『해석들의 갈등』, p.37) 여기에는 관찰자와 대상이 끊임없이 관계를 맺는 '해석학적 순환'이 존재하지 않는다. 구조분석에서 주체는 역사적 행위 속에서 드러나는 의미의 이해까지 나아가지 않는다.

이런 맥락에서 올리비에 몽쟁Olivier Mongin은 구조주의의 확산이 "의미와 역사와 주체의 삼중의 장례식"[20]을 초래하게 되었다고 표현하고 있다. 먼저, '의미'에 대한 장례식은 대상을 기호의 차원에서만 관찰한 데에서 생겨나는 것이다. 다음으로, '역사'에 대한 장례식은 변화가 아닌 상태를 묘사하고자 한 구조주의의 당연한 결과다. 마지막으로, '주체'에 대한 장례식 역시 주체와 관계를 단절하고 대상을 오로지 그 자체로만 바라보려는 구조분석의 기본적인 태도에 따라 생겨나는 당연한 것이다.

이제까지 한 논의를 정리해보자. '체계' 개념은 음운론, 인류학을 거쳐 인문사회과학의 전 분야로 확대 적용됨으로써 '구조'라는 중요한 개념으로 확장된다. 그런데 구조는 '의미'

의 구조가 아닌 '기호'의 구조를 지향하게 됨으로써 형식적인 차원만을 중요시하게 된다. 구조 개념이 갖는 이러한 형식성에서 벗어나기 위해 해석학과 현상학을 중심으로 '랑그'에 대한 논의를 '담론'에 대한 논의로, '기호'에 대한 논의를 '의미'에 대한 논의로 전환해야 한다는 생각이 대두되었다. 이에 대해서 계속 살펴보도록 하자.

랑그에서 담론으로

언어활동과 담론

 구조주의 비판자들에 따르면 구조언어학의 대전제인 기호체계의 닫힘이라는 원칙은 실제 언어생활과는 무관한 추상적인 것에 불과하다. 인간의 언어활동은 항상 구체적인 상황 속에서 이루어지기 때문에 구조언어학의 대전제인 기호체계의 닫힘과 추상성을 뛰어넘는다.

 리쾨르는 "언어활동의 본질은 기호들의 닫힘을 넘어선 곳에서 시작한다"(『해석들의 갈등』, p.96)라는 지적으로 이를 분명히 하고 있다. 그에 따르면 구체적인 언어현상에 관한 논의는 '기호체계의 닫힘'이라는 랑그언어학의 절대공리에서 벗어난 곳에서 시작해야 한다. 그래서 언어활동에 관한 논의는 기호가 지시대상을 통해 "세계로 열리는 순간"인 '말하는 행위'에 대한 것이어야 한다. 말하는 행위야말로 언어활동의 본질이기 때문이다.

인간의 실제 언어활동은 말하는 사람의 주관적인 생각과 동떨어져 존재한다고 가정되는 기호의 차원에서 이루어지는 것이 아니다. 인간의 언어는 '기호'의 차원을 떠나 '문장'과 '담론'이라는 더 높은 차원에서 논의해야 한다. 인간의 언어행위는 '기호'에 의해 이루어지는 의미작용뿐만 아니라 '문장'과 '담론'을 만들어내는 발화행위에 따라 생겨나는 의미작용을 동시에 지니는 것이기 때문이다.

언어활동의 본질은 항상 '누군가가 무엇인가에 대해서' 말을 하는 것이다. 체계 속에 존재하는 기호들의 차이는 현실 속에서 화자가 항상 인식하는 것이 아니다. 실제 언어활동에서는 자신의 말에 무엇인가 '메시지'를 담아 그것을 다른 사람에게 전달하려는 화자의 '의도'만이 인식된다.

인간의 말은 곧 그의 행동이다. '내'가 말을 한다는 것은 '나'를 둘러싸고 있는 '세계와 사물'을 묘사하고, 이들과 나의 '관계'를 말하는 것이다. 그렇기 때문에 말하는 행위 자체가 곧 새로운 상황을 창조하는 '행동'이 된다. 잠재적인 랑그가 인간의 언어활동을 지배한다는 것은 추상적인 상황일 뿐, 인간은 실제 상황 속에서 구체적인 발화행위를 통해 세계 속의 현실과 관계를 맺는다.

언어활동은 '대상'이 아니라 '매개', 다시 말해 그것에 따라, 그리고 그것을 통해 우리가 현실-그것이 무엇이든지-로 나아가는 것이다. 그것은 무엇인가에 대해 무엇인가를 말하는 것으로 이루어져 있다. 그것을 통해 언어는 자신이 말하는 것을 향해 벗어나게 된다.(『해석들의 갈등』, p.247)

인간은 언어라는 매개를 통해 '추상적인 체계'에서 벗어나 '구체적인 현실' 속으로 들어가게 된다. 벤베니스트에 따르면 언어기호의 역할은 "대체물의 자격으로 다른 것을 환기시킴으로써 그것을 표상하거나 대신하는 것이다."(『일반언어학의 제문제2』, 60쪽) 즉 기호는 현실을 환기시키거나 표상하는 수단이다. 대상인 언어는 발화행위를 통해 현실 속으로 들어오게 되지만, 그 자체로는 말하는 주체와 의미에서 유리된 존재다.

벤베니스트에 따르면 랑그언어학은 인간의 언어현실을 지나치게 추상화해 버렸다. 그 결과 랑그언어학은 연구대상이 되는 언어가 언제, 어디서든 '누군가에 의해서, 무엇인가에 대해서' 말하여진다는 본질적인 사실을 간과하고 있다. 그러므로 랑그언어학은 실제 언어사용에 대한 연구가 아니라 단지 방법상의 논의에 불과한 것이다. 랑그언어학의 연구대상인 기호들은 외부세계의 지시대상을 갖지 않기 때문에, 구체적인 현실과는 아무런 관련이 없다. 랑그언어학은 말하는 사람이 그 안에서 살아가고 있으며, 그에 대해서 이야기하고 있는 '세계(현실)'는 논의대상이 아니다.

담론언어학은 논의대상을 기호 개념에서 문장과 담론 전체로까지 확대한다. 담론언어학은 "최소단위로서의 기호의 정의를 부정"(『일반언어학의 제문제2』, 78쪽)할 것을 요구한다. 벤베니스트는 담론 개념을 도입함으로써 이 문제를 해결하고자 한다. 그는 소쉬르의 랑그언어학이 보여주는 파롤에 대한 무관심을 본질적인 한계로 지적하고 있다.

리쾨르 또한 언어활동의 실제 의미작용에 관해서는 랑그나 기호가 아닌 문장이나 담론의 차원에서 논의해야 한다고 말하고 있다. 언어 연구에서 말하는 주체가 배제된 기호학적 차원의 논의가 전부가 되어서는 안 되며, 거기에는 담론에 대한 논의가 포함되어야 한다. 사람들이 "의미작용에 대해 말할 수 있는 것은 바로 담론의 차원에서"이기 때문이다.(『해석들의 갈등』, p.256 참조)

잠재적인 상태로만 머물러 있는 랑그는 발화자가 실제 사용을 통해 그것을 현실 속으로 가져올 때에만 엄밀한 의미에서 존재하게 된다. 담론에 관한 이론을 전개한다는 것은 언표, 술어로 드러나는 행동에서 시작하는 것이지 그 의미가 잠재적인 여건으로 존재하는 기호에서 출발하는 것은 아니다.

기호의 상태에서는 의미의 문제가 제기되지 않는다. 사전에 나와 있는 단어 설명은 실제 의미작용에 대한 설명이 아닌 가능한 의미의 잠재태에 대한 설명이다. 가령 '사과'라는 기호의 경우, 우리말 사전[21])에는 '사과나무의 열매'로, 불어사전[22])에는 'fruit du pommier(사과나무의 열매)'라고 그 뜻이 설명되어 있다.

'사과'는 '배'나무나 '감'나무의 열매가 아닌 '사과'나무의 열매라는 뜻이다. 그리고 '사과'는 사과나무의 '줄기'나 '뿌리'가 아닌 '열매'라는 뜻이다. 그것은 단지 잠재적인 상태에서 위에서 예로 든 다른 기호들(배, 감, 줄기, 뿌리 등)과 구분되는 기호일 따름이다.

그것은 앞으로 그 단어를 선택해서 말하게 될 사람들 각자가 처하게 될 실제 상황에서 사용하게 될 수많은 구체적인 의미의 잠재태를 규정하고 있다. 각각의 화자는 이러한 의미의 잠재태라는 범위 안에서 자신의 현실적인 상황에 따라 이들을 사용하게 된다. '사과'라는 기호는 그때서야 비로소 실질적으로 의미를 나타내기 시작한다. 그것은 말하는 사람이 구체적인 상황 속에서 사용하기 전에는 실질적인 차원의 의미를 지니지 않는다.

주체와 지시대상

벤베니스트는 '말하는 주체'와 그가 가리키는 '지시대상'이 담론 속에 출현하게 되는 방식을 보여주기 위해 '담론현실태(instance de discours)'라는 개념을 도입한다. 그것은 실제로 담론이 이루어지는 심급을 의미한다. 여기서 인칭대명사, 시제, 장소와 시간의 부사, 지시사指示詞 등이 중요한 기능을 한다. 이런 것들은 발화가 이루어지는 현재 상황을 지시하면서 화자와 청자 사이의 관계와 이들이 처한 구체적인 상황을 드러내준다.

가령 상호 대립관계에서 그 의미를 규정할 수 있는 인칭대명사는 그 자체로는 구체적으로 누구를 지칭하는지 알 수 없다. 그것은 담론 속에서 언제, 어디서든지, 누구라도 이용할 수 있는 단어다. 가령 일인칭 단수 주어대명사인 '나(je)'는 이인칭 '너(tu)'와 삼인칭 '그(il)'의 상관관계 속에서 그 차별적인 의미를 규정할 수는 있다. 하지만 그 자체로는 아무도 지칭하지 않는다.

사실 구체적인 상황과 연결되지 않는 한 '나'는 누구를 가리키는지 알 수 없다. 그것이 의미를 갖기 위해서는 구체적인 상황 속에서 구체적인 누군가를 특별히 지칭해야 한다. 다시 말해 어떤 특정한 개인이 '나'라고 말하면서 자기 자신을 지칭해야 한다. 바로 그 순간 '나'라는 단어는 실체를 가지게 되고, 그때 비로소 하나의 구체적인 의미를 지니게 된다. 이런 상황은 이인칭 '너'와 삼인칭 '그'의 경우에서도 마찬가지다. 즉 기호는 담론 속에 자리를 잡을 때에만 의미를 지니게 된다. 벤베니스트의 다음 지적을 보자.

> <나(je)>의 사용현실태들은 지시부류를 구성하지 않는데 이러한 현실태들이 동일하게 참조할 수 있을 <나(je)>로 정의할 수 있는 '대상(objet)'이 없기 때문이다. 각 <나(je)>는 각기 고유한 지시기능을 지니고 있으며, 그렇게 상정된 유

일한 존재에 매번 대응한다. 그렇다면 <나>와 <너>가 지시하는 '실재'는 어떤 것인가? 오로지 '담론의 실재'로 이것은 매우 특이한 것이다. Je는 명사 기호가 그런 것처럼 대상의 용어로는 규정될 수 없고, '담론행위'의 용어로만 규정될 수 있다.(『일반언어학의 제문제2』, 362-363쪽)

이런 맥락에서 벤베니스트는 '이야기(histoire)'와 '담론(discours)'을 구분하고 있다. '이야기'는 말하는 사람의 개인적인 개입이 없는 사건들의 이야기 체계를 가리키는 것이다. 그 속에서 "이야기하는 사람은 아무도 없으며, 사건들은 저절로 이야기되는 것처럼" 보인다. 하지만 '담론'은 "말하는 사람과 듣는 사람을 전제로 하는 발화행위"를 가정한다. 또 그것을 말하는 사람은 "듣는 사람에게 영향을 미치려는 의도"(『일반언어학의 제문제1』, 345쪽)를 지닌다.

몽쟁은 담론이라는 개념의 의미를 '담론현실태' '화자(주체) 귀착' '세상(지시대상)참조' '메시지 교환'이라는 네 가지로 요약하고 있다.23) 그러므로 '누군가(화자 귀착) 다른 누군가에게 무엇인가에 대해(세상 참조) 무엇인가를(메시지 교환) 말하는 것'인 언어활동 속에서 담론이 이루어지는 구체적인 상황(담론현실태)은 무엇보다도 주체의 역할과 지시대상의 의미를 드러내는 것이다.

말하는 행위는 '누군가 무엇인가에 대해 말하는 것'으로 '주체'와 '지시대상'을 가리키는 기호를 잠재상태에서 해방시켜 구체적인 맥락 속에 놓이게 한다. 그것은 또한 앞서 '사과'라는 기호에서 본 것처럼 사전 속에 추상적으로 그 의미가 규정되어 있는 '단어'를 선택해 현실 속에서 그것을 '활성화'한다. 여기서 '담론현실태'라는 개념이 중요해진다. 그것은 발화행위를 하는 구체적인 맥락, 다시 말해 공간적, 시간적 지점을 말한다. 여기서 구체적인 맥락이란 크게 두 가지 차원으로 이루어져 있는데, 그것은 '누군가'의 차원과 '무엇인가에 대해서'의 차원이다.

먼저 제기되는 문제는 '누가' 말하는가의 문제, 즉 주체에 대한 것이다. 여기서 말하는 '주체'는 구체적인 '상황' 속에서 구체적인 '의도'를 지니고 자신의 행위에 대해 책임을 지는 존재다. 다음으로 제기되는 '무엇인가에 대해서' 말하는가의 문제는 말하는 사람이 언어기호를 통해 세계의 무엇인가에 대해 말하고 있다는 사실에 대한 문제다.

주체와 지시대상의 관계설정은 잠재상태의 기호가 체계 밖으로 뛰쳐나와 구체적인 세계와 관계를 맺는 것을 의미한다. 그것은 말하는 사람이 익명의 구속에서 벗어나 주체의 자유를 획득하는 순간이며, 기호의 닫힌 체계가 세상을 향해 열리는 순간이다. 구조언어학에서 말하는 사람은 랑그의 규칙에 따라 지배되는 비자율적인 존재지만, 실제 언어활동에서 말하는 주체는 상황마다 달리 나타나는 자율적인 존재다. 이와 마찬가지로 막연한 상태에 머물러 있던 단어는 말하는 주체가 자신이 처한 구체적인 상황 속에서 되살릴 때마다 각기 다른 의미를 지니고 세상 속으로 들어오게 된다. 어떤 개인이 발화행위를 통해 자신이 처한 상황에서 추상적인 기호를 구체적인 도구로 변하게 하는 것이다.

리쾨르는 『해석들의 갈등』에서 담론의 특성을 다음과 같이 네 가지로 지적하고 있다(『해석들의 갈등』, p.87). 우선, 담론은 사건을 유발하는 행동이다. 다음으로, 담론은 어떤 의미는 선택하고 또 다른 의미는 배제하는 일련의 선별이다. 또 다음으로, 그것은 새로운 조합을 통한 혁신이며, 무엇인가에 대해 무엇인가를 말함으로써 지시대상을 갖게 해준다. 마지막으로, 담론은 말하는 주체를 구체적으로 지시해 준다.

담론현실태는 바로 "나를 주체로서 (세상과) 연루시키고, 나를 질문과 대답의 상호작용 속에 자리 잡게 하는"(『해석들의 갈등』, p.257) 조작이다. '누군가 무엇인가에 대해 말한다'고 하는 본질적인 측면에 대한 고려 없이 인간 언어에 대해 논의한다는 것은 무의미하다. 담론언어학이 중시하는 것은 잠재적인 상태의 '구조'가 아닌 구체적인 상태에서 이루어지는 '현상'이다.

이에 반해, 랑그언어학에서는 한 언어가 말하여질 때에는 반드시 '누군가'가 그 말을 하고 있으며, 여기서 말하는 사람은 다른 사람과는 다른 독특한 개성을 지니고 있으며 독특한 상황에 처한 개인이라는 사실은 고려되지 않는다. 왜냐하면 랑그언어학의 대상이 되는 기호는 외부의 대상과는 아무런 관련이 없는 자족하는 체계의 일부로 간주하기 때문이다.

두브로브스키는 '무엇인가 말하여질 때마다 틀림없이 누군가 그것을 말하고 있다'는 말로 인간의 언어활동에서 말하는 주체의 중요성을 강조하고 있다. 이 말은 실증주의 비평의 메마른 분석과 구조주의 비평의 추상적인 분석을 동시에 겨냥하고 있다. 이는 문학비평 분야의 논쟁 중에 나온 말이지만, 모든 인간현상에 대한 연구에도 그대로 적용될 수 있을 것이다.

주체의 역할을 강조하는 것은 서구철학의 줄기찬 흐름이었지만, 구조주의의 등장과 함께 위기에 처하게 된 것이다. 구조주의는 사실 무엇보다도 주체의 철학에 대한 중대한 도전이었으며, 그 도전은 의미작용이 주체의 의도와는 무관한 곳에서 이루어진다는 가정에서 출발했다.

담론은 말하는 사람이 세계와 관계를 맺는 장소다. 담론의 의미는 자아와 세계 사이의 상호작용에서 생겨난다. 인간의 언어표현은 단순히 소통만을 지향하는 기호학적 표현에서 그치는 것이 아니라, 그 자체로 하나의 의미를 지닌 상징적 표현이다. 그러므로 언어표현에서 의미의 운반자는 체계 속에서 구분할 수 있는 기호가 아니라 의미를 지니고자 하는 주체의 구체적인 의도다. 언어행위를 통해 운반되는 메시지는 누군가 의도한 것, 즉 누군가 의미를 부여한 것이다.

말하는 사람으로서 '나'의 역할은 랑그의 차원, 즉 기호의 차원을 구체적인 상황 속으로 살려내는 것이다. 그러므로 언어활동에서 중요한 것은 말하는 사람의 입장을 담론의 상황 속에 드러내는 것이며, '랑그'라는 잠재적인 기호체계를 '파롤'이라는 현재 존재하는 사건 속에 나타나게 하는 것이다. 말하는 주체는 자신이 말하는 행위를 통해 그 말이 처하게 되는 구체적인 어떤 상황 속에 끼어들게 된다. 자신이 말하는 것에 의미를 부여하는 것은 바로 독특한 개성을 지닌 말하는 사람 자신과 그가 처한 구체적인 맥락이다.

누군가 체계 속에서 어떤 기호를 선택해서 말을 하는 순간, 그 기호는 여러 가지 표현 가능한 의미 중에서 무엇인가를 구체적으로 지시하게 된다. 그래서 그 기호는 하나의 구체적인 지시대상을 갖게 된다. 다시 말해 기호가 발화행위 속에 나타나는 순간, 기호는 말하는 사람의 주변에 있는 세계와 관계를 맺게 된다. 소쉬르가 도외시한 것은 바로 이러한 관련성이다.

> 우리는 소쉬르가 얼마나 엄격하게 시니피앙과 시니피에 사이에 존재하는 순전히 의미에 내재적인 관계를, 그가 거부하는 기호와 사물 사이의 외적인 관계에 대립시키고 있는지를 잘 알고 있다. 그때부터 '사물'은 더는 의미작용의 요소가 되지 못하게 되었다. 왜냐하면 언어기호는 사물과 이름이 아니라, 개념과 청각 이미지를 결합시키기 때문이다. 이러한 단절은 소쉬르 이후 모든 언어학자들이 채택했다. 하지만 그것은 하나의 논리적인 난점을 만들어내게 된다. 그것은 담론은 지시대상이라는 기능을 통해 기호들을 사물들과 관련짓기 때문이다.(『살아있는 은유』, pp.158-159)

담론언어학에서는 지시대상이야말로 언어의 존재이유다. 그 자체로는 세계를 갖지 않는 랑그가 구체적인 상황 속에 처하게 되자마자 그것은 곧바로 하나의 세계를 갖게 된다. 추상적인 랑그는 그 자체로 닫혀 있지만, 언어활동이란 항상 본질적으로 랑그가 외부세계와 맺게 될 관련에 따라 의미작용을 하게 된다. 인간은 자신의 말을 통해 세계와 관계를 맺는다. 인간의 말은 인간과 인간 사이, 그리고 인간과 세계 사이의 관계를 맺을 수 있도록 해주는 도구다.

벤베니스트에 따르면 "어린 아이가 소위 말을 배우면서 습득하는 것은 그가 실제로 그 안에 살고 있는 세계인데, 언어가 이 세계를 어린 아이에게 넘겨주고 어린 아이는 이 세계에 영향을 끼치는 것을 배우게 된다."(『일반언어학의 제문제2』, 26쪽) 인간은 말을 배우는 것과 동시에 무엇보다도 세계를 배우며 타인과 세계의 관계를 배운다.

담론은 세계를 향해 나아가는 행위다. 인간은 언어활동을 통해 곧바로 세계로 나아간다. 세계로 나아가는 과정에서 단어와 문장은 사물을 포착하기 위한 손잡이 역할을 한다. 이러한 손잡이가 없으면 사물은 인간과 아무런 관련이 없게 된다. "기호학은 기호체계의 닫힘 속에 머물러 있는 것으로 '의미론'의 추상화. 여기서 의미론은 내적으로 구축된 의미를 지시대상의 초월적 목표와 관련짓게 해준다"(『살아있는 은유』, p.274)라는 리쾨르의 설명은 기호와 의미를 구분할 때 지시대상 개념의 중요성을 잘 보여주고 있다.

구조의 상형성

구조언어학과 구조인류학에서 구조가 지닌 '형식적인' 성격을 비판하면서 질베르 뒤랑Gilbert Durand은 '상형구조'라는 개념을 설정하고 있다. 뒤랑에 따르면 인간정신을 지배하는 구조는 비어 있거나 닫혀 있는 것이 아니다. 그것은 이미지들과 의미들로 채워져 있을 뿐만 아니라 외부세계를 향해서도 열려 있다. 뒤랑은 구조라는 단어에 부가되는 수식어로 '상형적인(figurative)'라는 단어를 '형식적인(formelle)'이라는 단어와 대립된 의미로 사용하고 있다. 그에게 '상형적인'이라는 말은 '형상들, 이미지들로 가득 차 있어 고정되어 있지 않고 유동하는'이라는 의미다.

인간사유가 무정형無定型한 것이 아니라 어떤 체계를 전제로 하고 있다고 본 점에서, 뒤랑 역시 엄밀한 의미에서 구조주의자라고 할 수 있다. 하지만 그에 따르면 구조는 그 자체로 의미작용을 하는 수없이 많은 이미지들과 상징들로 채워져 있어 긴장상태의 힘에 따라 끊임없이 움직이고 있다.

그는 이런 입장에서 인간의 상상세계 전반에 대해 『상상세계의 인류학적 구조』[24]라는 방대한 연구를 수행했다. 뒤랑의 이 연구는 인간의 상상세계가 하나의 구조 속에 편입된다는 것을 보여주기 위한 시도다. 이 책에서 그는 인간정신이 보편문법의 지배를 받고 있다는 사실을 인정하면서도 그것이 개인과 사회의 특성에 따라 어떻게 다른 양상으로 드러나게 되는

지를 보여주고자 했다.

리쾨르에게도 인간의 상상세계는 무정형한 현상들의 모임이 아니라 규칙화되어 어떤 큰 구조 속에 편입되어 있다. "내가 거기에 근거해 더 멀리 펼치게 될 가정들은 나로 하여금 근본적인 무질서를 생각하도록 해주는 것이 아니라, 규칙을 지닌 놀이만을 생각하도록 해준다. 규칙화된 상상력만을 생각할 수 있다."[25] 여기서 말하는 '규칙화된 상상력'의 개념은 인간의 상상세계에 대해 뒤랑이 설정한 인간정신의 보편문법인 '인류학적 구조'의 개념과 맞닿아 있다.

구조주의의 제한적인 성격을 잘 지적하고 있는 리쾨르 해석학의 기본 목표는 무엇보다도 세계 안에서 살아가고 있는 인간존재에 대한 이해다. 이를 위해 리쾨르는 계속해서 구조주의의 대상분석에서 벗어나야 한다고 주장하고 있다. 우리가 리쾨르의 해석학적 사유를 따라가다가 자주 소쉬르의 랑그언어학의 한계와 구조주의 전체의 한계를 지적하고 있는 대목을 만나게 되는 것은 이 때문이다.

리쾨르의 관심은 랑그언어학에서 문제시되는 기호, 구조, 기호학이 아니라, 담론, 현상, 의미론이다. 특히 의미에 대한 관심은 리쾨르 해석학의 중요한 전제조건이다. 이런 점에서 의미론과 해석학은 상호보완적이다.

> 해석학은 해석의 예술이며 의미론은 의미작용의 이론이다. 양자간에는 서로 관련성이 있다. 즉 의미작용을 하는 것

만을 해석할 수 있으며 해석행위 속에서 이해된 것만이 의미작용을 한다.26)

우리는 앞에서 '랑그'와 '기호'개념의 발견과 체계 안의 닫힘이라는 중요한 공리의 발견은 현대 언어학의 중요한 혁신임을 지적했다. 이러한 혁신을 통해서 상황에 따라 변하는 현상의 언어가 아닌 언어활동의 근저에서 각각 현상을 지배하는 변하지 않는 구조의 기능을 하는 언어를 가정할 수 있었기 때문이다. 이러한 가정을 통해 현대 언어학은 인간 언어에 대한 실증주의적인 시각을 혁신한 것이다.

그런데 언어인식에서 이러한 혁신은 또 다른 반작용을 불러일으키면서 논의를 심화시켜 나갔다. 랑그나 기호 대신 담론과 의미를 중시하고 체계의 닫힘 대신 주체와 지시대상에 대한 논의를 중시한 것은 현대 인문사회과학에서 또 하나의 혁신이라고 할 수 있다. 역시 언어학 분야에서 시작한 또 다른 차원의 혁신은 구조주의에 대한 근본적인 도전인 해석학의 부상이라는 상황과 맞물려 많은 논란을 불러일으켰다.

이러한 혁신은 '통사론'이나 '기호학' 대신 '의미론'을 택했다는 점에서 '의미론적 혁신'이라고 부른다. 이에 따르면 인간의 삶이 지닌 의미는 어떤 보편적이고 추상적인 구조 속에서 파악할 것이 아니라 개별적이고 구체적인 담론의 현상 속에서 이해해야 한다. 그것은 단지 주어진 '여건'의 차원에서가 아니라 끊임없이 변하는 '생성'의 차원에서 논의해야 한다.

기호들이 체계 안에서 맺는 관계를 규제하는 원리를 탐구하는 것이 구조분석의 임무라면, 해석행위는 담론 차원의 이해를 지향한다. 구체적인 쓰임의 차원을 고려하지 않고 요소들이 공시적으로 어떤 관계를 맺고 있는지를 고려하려는 통사론은 모든 문화현상에 대한 유효한 설명이 될 수 없다. 설사 그것이 가능하다고 하더라도, 그러한 설명은 인간정신의 많은 부분을 논의대상에서 배제해 버리고 말 것이라는 점이 해석학의 입장이다.

기호체계의 닫힘이라는 절대공리에 바탕을 둔 구조분석과는 반대로, 해석행위는 세계를 향한 기호체계의 열림이라는 전제에서 출발한다. 기호체계가 열려 있다고 말하는 것은 언어 내적인 것이 언어 외적인 것을 향해 나아가는 것을 말한다. 그것은 또한 언어 상태가 실제 체험을 향해 나아간다는 사실을 인정하는 것이다. 뒤랑이 말하고 있는 '상형구조주의'는 기호를 그 자체로 자족한 것으로 보면서도 인간정신을 구성하는 기호는 항상 무엇인가를 지향하고 있다는 생각을 바탕으로 한다.

담론의 해석

리쾨르에 따르면(『해석들의 갈등』, p.80), 구조주의가 인간 정신활동의 모든 분야에 적용될 수 있는 것은 아니다. 구조주의가 뚜렷한 성과를 거둘 수 있는 곳은 아주 제한되어 있다. 그는 그 제한된 영역을 다음과 같이 제시한다.

우선, 구조분석은 이미 구축되어 있고 멈추어 있으며 닫혀 있는, 그래서 죽은 자료체에 대해 작업할 경우에 아주 적절하다. 다음으로, 구조분석은 요소들과 단위들의 목록을 작성할 수 있는 경우에 아주 효과적인 방법이 될 수 있다. 나아가서 이러한 요소들이나 단위들을 대립관계, 더 나아가서 이원대립의 관계 속에 자리 잡게 할 수 있을 경우 구조분석은 아주 적절한 방법이 될 수 있다. 마지막으로, 구조분석은 이러한 대립 요소들의 대수학이나 조합을 설정할 수 있는 경우에 아주 잘 적용된다.

이상에서 지적한 것과 같은 제한적인 경우를 벗어나게 되면 구조분석은 구체적인 성과를 거두기 힘들다. 리쾨르의 구조주의 비판은 무엇보다도 구조분석이 이러한 한계를 인식하지 못했다는 데에서 출발하고 있다.

해석행위의 주체로서 인간은 항상 어딘가에 소속되어 해석을 하게 된다. 즉 그는 항상 사회적, 문화적, 역사적 맥락 속에 자리 잡고 있기 때문에 결코 자신이 관찰하는 대상과 분리될 수 없다. 해석행위에서는 구조주의 분석가가 대상에 대해 갖는 냉정한 시선을 가질 수 없다. 관찰자 자신이 곧 대상의 일부를 이루고 있으며, 해석이란 항상 자신이 속한 현실에 대한 해석이다. 인간은 세계 속에 흩어져 있는 기호를 통해 자기 자신을 이해하며, 이해한다는 것은 곧 세계 속에 있는 의미를 자신의 것으로 만들어가는 과정이다.

어떤 해석이든지 그 자체를 규제하는 상황에서 벗어나서

이루어질 수는 없다. 게다가 인간은 이미 자신이 이해하고자 하는 대상의 일부를 자신의 내부에 지니고 있다. 해석행위란 주체와 대상의 뒤섞임 속에서 이루어진다. 그러므로 대상이 되는 세계는 결코 해석자에게서 분리되지 않는다. 중요한 것은 관찰자와 대상 사이의 만남이며, 더 나아가 그 만남 속에서 형성되는 주체의 자기이해다. 주체 자체가 의미작용의 부여대상이 된다는 점에서 해석행위는 내부와 외부, 주체와 객체, 의식과 세계 사이의 부단한 상호소통 속에서 이루어진다고 볼 수 있다.

해석행위가 단지 글로 고정된 텍스트만을 대상으로 하는 것은 아니다. 그것은 인간 상호간의 관계와 인간과 세계의 관계와 관련되어 있다. 그래서 해석행위의 근본문제는 세계 속에 존재하는 자기 자신의 의미를 이해하는 것이다. 인간이 자기이해의 단서를 발견하는 곳은 항상 자신이 발붙이고 살아가는 구체적인 삶의 공간인 세계다.

구조분석의 추상성에서 벗어나기 위해서는 반드시 인식주체로서 자기 자신에 대한 이해로 나아가야 한다. 내가 타인과 세상을 이해하고자 하는 것은 결국 나 자신을 이해하고자 하는 것이다. 세계에 대한 이해가 나 자신에 대한 이해로 이어지지 않는다면, 그 이해 자체는 무의미하기 때문이다. 내가 "다른 사람의 의미를 다시 취하는 것"은 "나를 이해하기" 위한 것이며(『해석들의 갈등』, p.55), 그러한 과정을 통해야만 비로소 의미에 대해 말할 수 있다. 그렇기 때문에 어떤 대상의 의미를 이해하는 행위는 자기에 대한 이해를 궁극적인 목적으로 해야 한다.

그러므로 해석행위에서 주체와 대상 사이의 구분은 의미가 없을 뿐만 아니라 가능하지도 않다. 모든 이해는 '존재'에 대한 이해이자 '자기'에 대한 이해다. 인간은 각자 자신의 방식대로 존재에 대한 자기의 의존성을 이야기한다(『해석들의 갈등』, p.26). 이런 점에서 이해한다는 것은 '전유하는 것(appropriation)'이다. 여기서 전유란 '낯설었던' 것을 '자기' 것으로 만들고, 나아가서 그것을 통해 '다른' 것을 더욱더 잘 이해하게 되는 변증법적 행위다. 그것은 '세상'이라고 하는 타자를 '자기'라는 동일자로 만들어 나가는 행위다. 인간실존이란 항상 타자로서 세상과 관련되며 그 속에 존재한다. 다시 말해 인간실존은 항상 "처음에는 외부에 존재하는 의미를 자신의 것으로 만듦으로써 자기 자신이 된다."[27]

해석이란 변증법적 과정이라는 우회로를 거쳐 항상 자신에 대한 이해로 되돌아가는 것이다. 이를 위해 '나'는 '나'와 '세상' 사이에, 혹은 '나'와 '타자' 사이에 구조주의가 설정해 놓은 거리를 제거해 나가야 한다.

> 모든 해석은 텍스트가 속한 지나간 문화적 시대와 해석자 자신 사이에 존재하는 거리두기와 거리 자체를 극복하려 한다. 이러한 거리를 극복하고 텍스트와 동시대의 위치에 섬으로써, 해석하는 사람은 의미를 자신의 것으로 전유한다.

낯선 것을 자신의 것으로 하고자 한다. 그러므로 그는 타자에 대한 이해를 통해 자기 자신에 대한 고유한 이해를 키워 나간다. 이렇게 해서 모든 해석학은 알게 모르게 타인의 이해라는 우회로를 통한 자기이해다.(『해석들의 갈등』, p.20)

인간은 이해행위를 통해 타인이나 세상과 관계를 맺는다. 그렇기 때문에 이해행위는 단순한 인식양식으로 그치는 것이 아니라 하나의 존재양식으로까지 확장된다. "이해의 존재론이 도입한 혁명은 이해한다는 것이 존재 '투기'의 한 양상이 되며, '존재로의 열림'의 한 양상이 되게 한다. 진리의 문제는 더는 방법의 문제가 아닌 존재 드러냄의 문제다."(『해석들의 갈등』, p.13)

다시 말해 이해행위는 텍스트에서 새로운 사건을 끊임없이 재창조하게 된다. 이러한 재창조행위는 관찰자와 대상 사이의 엄격한 분리를 강조하는 구조분석을 통해서 이루어지지 않는다. 또한 이러한 재창조행위를 통해 우리는 우리 앞에 놓인 텍스트의 진정한 의미를 파악하게 된다.

기호와 의미의 조화를 향해

기호와 의미

 벤베니스트는 소쉬르의 랑그 개념을 넘어 인간 언어의 구체적인 실현으로 담론 개념을 설정하고 있다. 더 나아가서 이들을 각각 탐구대상으로 하는 별개의 언어 연구를 가정하고 있는데, 각각 기호학적 의미작용과 의미론적 의미작용을 대상으로 한다. 사실 앞에서 구분한 구조분석과 해석의 차이에 대한 논의는 기호학과 의미론의 차이에 대한 논의로 바꿔놓을 수 있다.

> 언어가 두 가지 서로 다른 영역을 포함하고 있으며, 그들

은 각각 고유의 개념적 장치를 필요로 한다는 사실을 인정해야 한다. 우리가 기호학적 의미작용 영역이라고 부르는 영역에 대해 언어 기호에 대한 소쉬르의 이론은 연구에 토대가 될 것이다. 의미론적 의미작용 영역은 반대로 별개의 것으로 인정해야 한다. 그것은 개념과 정의의 새로운 장치를 필요로 하는 것이다.(『일반언어학의 제문제1』, 78쪽)

앞에서 언급한 대로 랑그와 담론은 서로 다른 차원에 속한다. 랑그는 구조와 체계로 조합되는 형태적 기호의 총체이며, 담론은 랑그가 살아 있는 소통행위 속으로 드러난 것이다.

벤베니스트는 기호는 '구별되고' 담론은 '이해된다'는 말로 양자의 성격을 분명히 구분하면서 이들이 인간 언어의 서로 다른 측면임을 주장한다. '구별'은 체계 속에서 다른 기호와 맺는 관계 속에서 이루어지며, '이해'는 구체적인 상황 속에서 말하는 주체와 세계에 대해 이루어진다. 구별은 '동일성'을 인식해내는 행위고 이해는 '발화행위의 의미작용'을 이해하는 행위다.

이렇게 해서 벤베니스트는 랑그의 차원과 담론의 차원에서 이루어지는 별개의 언어학을 상정하는데, 앞서 말한 대로 이들은 각각 기호학적 의미작용과 의미론적 의미작용을 대상으로 하고 있다. 기호학적 의미작용은 언어기호에 고유한, 그리고 언어기호를 단위로 하는 의미작용을 지칭한다. 이에 대한 연구는 다음과 같은 방식으로 이루어진다.

엄격한 의미의 기호학적 연구는 구성단위들을 식별하고, 그것들의 변별적 표지들을 기술하고, 변별성의 더욱더 세세한 기준들을 찾아내는 데에 있을 것이다. 그렇게 해서 각 기호는 기호들의 한 무리 속에서나 기호들의 총체 가운데서 자기 고유의 유의성을 점점 더 명확하게 확립하게끔 될 것이다.(『일반언어학의 제문제2』, 76쪽)

기호학적 의미작용에 대립되는 의미론적 의미작용이라는 개념은 기호학으로는 기술할 수 없는 언어분석의 다른 층위를 가리키고 있다. 의미론적 연구는 실제로 사용 중인 언어 영역에 대한 연구이다. 우리는 앞에서 언어활동이란 인간과 인간, 인간과 세계를 매개하는 것임을 지적한 바 있다. 의미론적 의미작용의 영역은 구체적인 상황 속에서 무엇인가에 대해 이루어지는 언어활동을 대상으로 한다. 여기서 중요한 것은 무엇보다도 말하는 사람이 자신의 말을 통해 담아내고자 하는 의도다.

인간 언어를 그 자체로 고찰할 때 기호체계의 닫힘이라는 공리가 아무리 중요한 것이라고 해도, 실제 언어활동에서 기호들은 본질적으로 자신의 한계를 넘어 의미를 향해 나아가고자 한다. 의미를 향한 초월이 바로 기호의 궁극적인 존재이유라고 할 수 있다.

의미론적 의미는 연쇄, 상황에의 적응, 그리고 여러 기호들 상호간의 적응에서 나오는 '의미'다. 이는 전적으로 예측

불가능한 것이다. 이는 세상을 향해 열린 창구다. 반면에 기
호학적 의미는 자기 폐쇄적이고, 말하자면, 자체 속에 포함
되어 있는 의미다.(『일반언어학의 제문제2』, 23쪽)

리쾨르는 기호학과 의미론의 구분을 "전체 언어 문제를 탐
구하는 열쇠"[28)]와도 같은 것이라고 말하면서 이 둘 사이의 구
분에 기초해 구조주의에 대항하는 자신의 해석학적 사유를 구
축하고 있다. 그런데 리쾨르는 기호와 담론을 구분하면서도
기호학적 차이와 의미론적 지시대상이 서로 배타적인 것은 아
니라고 본다. 그는 기호학과 의미론을 구분하면서 의미론을
통해 기호학을 부정하고자 하는 것이 아니라 기호학을 거쳐
의미론으로 나아가고자 한다.

> 기호를 기호에 대립시키는 것은 기호학적 기능이며, 기호
> 를 통해 현실을 재현하는 것은 의미론적 기능이다. 전자는
> 후자에 종속된다. 전자는 후자를 위해서 존재한다. 달리 말
> 해 언어가 구성되는 것은 의미를 지니거나 재현하는 기능을
> 위해서이다.(『해석들의 갈등』, pp.248-249)

기호를 시니피앙과 시니피에의 결합으로 정의하는 기호학
적 입장은 사물에 대한 지시관계를 통해 기호를 정의하는 의
미론적 입장으로 완성된다. 그러므로 기호학에서 의미론으로
이동한다는 것은 기호학을 부정하는 것이 아니라 닫혀 있던

기호를 세상을 향해 열어놓음으로써 거기에 의미를 부여하려는 행위다.

의미론의 관점에서 볼 때 기호학의 한계는 기호체계에 관한 논의를 전개하면서 문장의 영역을 고려하지 못했다는 데에 있다. 의미론은 단어 차원의 논의를 문장 차원으로 확대해 나간다. 그런데 이러한 차원의 변화는 랑그와 파롤의 대립단계에서는 제기되지 않은 새로운 문제들을 불러일으킨다. 즉 문장에 대한 관심과 더불어 '술어 기능'이 문제가 된다. 술어는 행동을 촉발시키는데, 그 행동이 기호체계에 생명을 부여한다.

다양한 의미의 잠재상태를 보여주는 사전 속의 단어는 말하는 행위를 통해 구체적인 지시대상을 가진 채 문장 속에 들어왔을 때에만 의미를 지닌다. 하지만 이 과정에서 사전 속에 존재하는 단어의 기호학적 의미작용이 부정되는 것이 아니다. 사전 속의 기호학적 의미는 단어가 취할 수 있는 여러 가지 의미의 가능성을 보여주고 있을 뿐만 아니라 체계 속의 다른 기호와 구분시켜 주기 때문이다.

체계 안에서 구분됨으로써 의미를 취하는 기호는 문장 속에 들어옴으로써 언제든지 체계 밖의 사물과 연결된다. 의미의 이상적인 조건을 규정하고 있는 기호는 실질적인 지시대상을 갖는 문장 속에서 그 의미가 활성화되는 것이다. 단어는 구체적인 사용환경 속에서 자신에게 맞는 독특한 대상을 취하게 된다.

고립된 단어를 고찰하기를 그치고, 단어가 담론 속에서 어떤 실질적·현실적 기능을 하는지를 고찰하게 될 때, 단어의 의미작용이 문장의 의미작용에 종속되어 있다는 사실은 한층 분명해진다. 단어가 따로 떨어져서 고찰될 경우, 부분적이고 그것이 나타날 수 있는 여러 유형의 문맥에 따라 규정되는 의미들의 총합으로 형성된 잠재적인 의미작용만을 하게 된다.(『살아있는 은유』, pp.165-166)

문장이 단어들의 조합인 것은 분명하지만, 그렇다고 해서 문장의 의미가 단순히 문장을 구성하는 단어들의 의미의 총합인 것은 아니다. 단어는 "구조와 사건이 부단히 교환하는 장소"(『해석들의 갈등』, p.81)다. 단어는 한편으로는 의미의 잠재태로 '구조'와 연결되어 있지만, 다른 한편으로는 행동이나 '사건'과 관련되어 있기 때문이다.

어휘체계 속에 갇혀 있던 단어는 누군가 무엇인가에 대해 말하기 위해 그것을 선택하는 순간 잠재상태에서 빠져나오게 된다. 다시 말해 문장의 내부에 자리 잡는 순간, 단어는 하나의 실질적인 의미를 지니게 된다. 언어행위의 두 가지 서로 다른 방향을 의미하는 기호학적 의미작용에 대한 논의와 의미론적 의미작용에 대한 논의가 상호보완적일 수 있는 것은 바로 이 때문이다.

분석과 이해

 기호학적 입장에 서느냐, 의미론적 입장에 서느냐 하는 것은 대상분석을 지향하는 구조주의와 의미이해를 지향하는 해석학을 구분하는 가장 큰 기준이다. 기호학을 선택하는 구조주의에서는 기호에 대한 과학적 분석을 위해 기호체계와 외부세계의 연결고리가 존재하지 않는 것으로 간주한다. 의미론을 취하는 해석학에서는 기호체계의 닫힘이라는 것은 추상적일 뿐 인간의 실제 언어생활과는 무관한 것으로 간주한다.

 리쾨르에 따르면 상징에 대한 연구는 두 가지 방식으로 이루어질 수 있는데, 하나는 상징의 '구성요소'에 관한 것이고, 다른 하나는 상징의 '의미내용'에 관한 것이다. 구성요소에 대한 논의는 기호 내적 차원에서 이루어지며, 의미작용에 대한 논의는 세계와의 관련성 속에서 이루어진다. 또한 구성요소는 분석의 대상이지만 의미내용은 이해의 대상이다. 구조주의적인 분석과 해석학적인 이해는 상징을 어떻게 다루느냐 하는 문제에 대한 입장 차이에 따라 나뉜다.

> 기호에 대한 두 가지 정의를 대립시켜야 하는데, 하나는 시니피앙과 시니피에의 내적 차이이며 다른 하나는 기호의 사물에 대한 외적 대상지시이다. 이 두 가지 대립 사이에서 선택을 해야 하는 것은 아니다. 하나는 체계 속에서 기호의 구조와 관계되고, 다른 하나는 문장 속에서 그 기능과 관계

된다.(『해석들의 갈등』, p.88)

 하지만 이 두 가지 차원이 서로 배타적인 것이 아니기 때문에, 기호들 사이의 내적 차이가 중요한 것인가, 기호와 사물 사이의 관계가 중요한 것인가 하는 문제 앞에서 배타적인 양자택일은 무의미하다. 이 둘은 각기 서로 다른 차원에서, 다시 말해 기호와 랑그의 차원과 의미와 담론의 차원에서 작동한다.

 기호학에서 의미론으로 이동하는 것은 가역적 체계의 랑그에 대한 연구에서 시간에 따라 규제받는 불가역적인 파롤에 대한 연구로 이동하는 것이다. 그것은 '기호'의 층위에서 '의미'의 층위로 이동하는 것이다. 야콥슨의 용어에 따르면 그것은 '코드'의 층위에서 '메시지'의 층위로 이동하는 것이다. 그러므로 그것은 구조주의가 역전시켜 놓은 '역사'와 '구조' 사이의 관계를 재역전시킨다. 구조주의에서 텍스트는 기호학적 체계지만 해석학에서 텍스트는 의미론적 투기의 장이다.

 "형식체계에 대한 연구"인 구조주의는 "의미작용이라고 부르는 것에 대해 아무 것도 언급하지 않는다."(『일반언어학의 제문제2』, 40쪽) 그에 반해 해석학에서 중요한 것은 추상적인 체계가 아니라 기호가 전달하고 있는 의미내용, 즉 메시지다.

> 구조분석에 의해 드러난 의미작용 단위들은 아무것도 의미하지 않는다. 그것들은 단지 조합의 가능성들에 불과하며, 아무것도 말해주지 않으며, 다만 연결했다 풀었다 하기만

한다. 상징체계를 고려하는 데에는 두 가지 방식이 있는데, 그것을 구성하고 있는 것과 그것이 말하고자 하는 것에 의해서이다. 그것을 구성하고 있는 것은 구조분석을 획득한다. 구조분석은 상징체계가 가진 '경탄할 만한 것'을 흐트러뜨린다. 이것이 구조분석의 기능 - 감히 말하건대 구조분석의 사명 - 이다.(『해석들의 갈등』, p.78)

상징체계가 말하려는 내용은 구조분석을 통해서는 드러나지 않는다. 레비스트로스가 말하는 신화의 구조분석은 구조언어학의 모델을 빌려와 구성요소들의 대립관계를 일반화함으로써 신화에서 의미의 두터움을 배제해버리는 대가를 치른다. 이에 대해 리쾨르는 구조주의자들이 "의미의 절망" 속에 처해 있다고 비판하면서 그들이 말하는 의미는 "비의미의 의미"며, "아무 것도 말하지 않는 담론의 찬탄할 만한 통사론적 배열"[29])에 불과하다고 지적한다.

음운론의 모델을 사용해 다양한 민속학 자료를 분석하려는 레비스트로스의 시도는 가능할 뿐만 아니라 타당한 것이기도 하다. 하지만 그것이 의미에 대한 논의를 배제해버린 이상 결코 보편적인 인간정신 전체에 대한 설명이 될 수 없다.

신화, 친족, 제의 등과 같이 레비스트로스가 연구하고 있는 현상들이 언어활동에 가깝다는 사실을 인정한다고 하더라도, 이런 현상들은 의미론의 영역에 속하는 것이다. 다시

말해 이들은 시니피에의 차원에 속하는 것이기 때문에 시니
피앙에 대한 연구에 적용할 수 있는 분석 유형으로는 정당
화할 수 없다.[30]

'구조'라는 말은 여러 가지 요소들이 체계를 형성해가는 방
법과 행위를 말하는 것이지, 그렇게 해서 얻은 결과를 말하는
것이 아니다. 중요한 것은 완결된 형태가 아니라 하나의 형태
를 이루려는 긴장을 이끌어 가는 힘이다. 긴장하는 힘은 기호
들 사이가 아니라 의미들 사이에서 작용하는 것이다.

구조주의를 둘러싸고 벌어진 논쟁은 사실 구조에 대한 두
개의 적대적인 힘들의 긴장에서 비롯한다고 할 수 있다. 그 중
하나는 구조를 분류체계와 관계체계에 입각한 기호학적 모델
위에서 고려하려는 태도며, 다른 하나는 구체적인 관계, 나아
가 이 관계들의 변화를 강조하려는 의미론적 입장에 서려는
태도다.

기호와 의미를 조합하려는 시도는 바로 삶을 표현하는 언
어활동의 두 가지 본질을 동시에 고려하는 태도에서 출발한
다. 결국 그것은 기호분석을 의미이해로 연장해나가는 것이다.

> 언어활동은 의사소통을 하는 데에 사용하기에 앞서 '살
> 아가는' 데에 사용한다고 말할 수 있다. 우리가 언어활동이
> 없다면 사회도 있을 수 없고 인류도 있을 수 없을 것이라고
> 상정하는 것은 언어활동의 속성이 우선 의미작용을 하는 것

이기 때문이다. 이러한 광범위한 정의에서 우리는 마땅히
의미작용으로 돌아와야 할 중요성을 가늠할 수 있다.(『일반
언어학의 제문제2』, 268쪽)

언어활동의 궁극 목적은 소통이다. 그런데 여기서 말하는
소통은 기호의 소통이 아니라 의미의 소통이다. '기호'가 중요
한가, '의미'가 중요한가 하는 물음 앞에서 구조주의의 입장은
분명하다. 랑그를 연구대상으로 삼은 소쉬르 언어학은 기호를
선택한다. 구조언어학과 구조인류학, 나아가 구조주의 일반은
기본적으로 기호를 선택한 소쉬르의 입장에서 출발하고 있다.
하지만 구조분석을 비판하는 사람들에 따르면 언어활동에 대
한 연구는 자족적인 체계의 언어 상태뿐만 아니라 구체적인
발화상황을 동시에 고려할 때에야 의미가 있다.

기호분석과 의미이해는 인간의 언어활동과 정신활동을 바
라보는 두 개의 커다란 축이라고 할 수 있다. 그렇기 때문에
진정한 의미의 언어활동과 정신활동에 대한 분석과 이해를 위
해서는 기호학적 의미작용과 의미론적 의미작용을 동시에 고
려해야 한다.

해석학적 구조주의

구조주의가 기호체계의 닫힘이라는 원칙을 통해 주체와 대
상 사이의 분명한 단절을 전제로 하는 반면, 해석학은 기호체

계가 주위의 세계에 대해 열려 있다는 것을 전제로 삼는다. 구조주의의 분석이 구체적인 현실에서 주체의 의도를 배제한 데에 반해, 해석학적 이해는 타인과 세상에 대한 '나(주체)'의 이해 행위를 중요하게 여긴다.

구조주의의 분석과 해석학적 이해의 대립은 이러한 입장 차이에서 기인한다. 두 개의 서로 다른 입장은 레비스트로스와 리쾨르가 1963년 『야생의 사고』를 중심으로 벌인 논쟁 속에 잘 드러나 있다. 이 논쟁에서 리쾨르가 제기한 문제는 방법론인 구조주의가 해석학이라고 하는 다른 종류의 이해양식과 어떻게 어울릴 수 있는가 하는 것이었다. 즉 그는 양자의 차이가 본질적인 것이기는 하지만 서로 배타적인 것은 아니라는 사실을 부각시키려 한다.

구조주의와 해석학은 각각 추상과 구체, 본질과 실존이라는 인간의 삶이 보여주는 양면성에 관심을 기울이고 있다. 전자가 인간현상을 추상적·본질적 차원에서 파악하고자 했다면, 후자는 그것을 구체적·실존적 차원에서 파악하고자 했다. 이런 맥락에서 구조주의와 해석학은 서로 배척할 이유가 없으며, 인간에 대한 완전한 이해를 위해 오히려 상대에게서 협력자를 찾아야 한다는 것이 리쾨르의 생각이다.

> 구조주의는 과학에 속한다. 그리고 나는 현재 지성의 차원에서 구조주의만큼 엄격하고 풍요로운 접근법을 알지 못한다. 상징에 대한 해석이 해석학으로 불리기 위해서는 그

해석이 자기 자신에 대한 이해와 존재에 대한 이해가 되어야 한다. 이러한 의미의 전유작업을 떠난다면 해석은 아무 것도 아니다. 이런 점에서 해석학은 하나의 철학적 원리다. 구조주의는 제도, 신화, 제의의 구조를 거리 두게 하고, 객관화시키고, 탐구자의 개인적 방정식과 분리시킨다. 하지만 해석학적 사유는 이해와 믿음의 '해석학적 순환'이라고 부를 수 있는 것, 과학으로 만들어주지는 않겠지만, 명상하는 사유라고 부를 수 있는 것 속에 들어 있다.(『해석들의 갈등』, pp.33-34)

구조주의와 해석학은 전자가 기호분석을 지향하고 후자가 의미이해를 지향하고 있다는 점에서만 보자면 서로 양립할 수 없는 것으로 보인다. 구조주의는 개인과 유리된 완전한 객관성을 지향하는 과학적 방법이지만, 해석학은 주체가 하는 의미파악과 세계이해를 지향하는 철학적 사유이기 때문이다. 구조주의는 거리두기와 객관화의 방식을 통해 대상을 탐구자의 개인적인 상황에서 분리시키지만, 해석학은 본질적으로 양자를 구분할 수 없다고 본다.

구조주의를 해석학적 전망 속에 수용하려는 리쾨르의 노력은 구조주의가 처음으로 그 형태를 드러내기 시작한 랑그언어학에 대한 비판에서 시작한다. 그리고 그것은 구조주의가 배제한 의미론적 차원의 논의를 복원하는 것으로 나타난다. 리쾨르는 이러한 입장을 바탕으로 벤베니스트와 마찬가지로 추상적인 기호체계에 대한 논의를 구체적인 담론현상에 대한 논의로 확장해야 한다고 지적하고 있다. 담론의 현상학은 다양한 현상의 잠재적인 조건을 제공하는 기호학의 도움을 받을 수밖에 없기 때문이다.

> 교환이라는 객관과학은 결국 의미론적 이해가 될 상징적 기능에 대한 전체적인 이해 속에 존재하는 추상적 분절이 아니겠는가? 그러므로 철학자에게 구조주의의 존재 이유는 이러한 충만한 이해를 회복시키는 것이다. 하지만 구조주의적 지성에 의해 그것을 박탈하고, 객관화시키고, 대체한 후일 것이다. 구조주의적 형태로 매개된 의미론적 토대는 더 간접적이기는 하지만, 더 확실한 이해가 가능해질 것이다.(『해석들의 갈등』, p.41)

리쾨르는 앞서 말한 구조주의와 해석학의 만남을 위한 토론회를 주도하면서 먼저 이 논쟁에 임하는 자신의 입장이 '의미의 일반이론(해석학)에서 관계의 일반이론(구조주의)이 차지하는 위치'를 밝히는 것이라는 점을 분명히 하고 있다. 자신의 의도가 구조주의적인 사유를 배제하려는 것이 아님을, 오히려 이 둘을 상호보완적인 입장에서 바라볼 수 있는 방법을 찾아내는 것임을 분명히 하고 있다. 리쾨르는 구조주의적 접근의 타당성을 문제 삼으려는 것이 아니라 해석학이 구조주의적 접근에서 어떤 것을 이끌어낼 수 있을까 하는 문제를 제기하고자 한다.

우리의 문제는 어떻게 해서 기호를 해독하는 하나의 객관적 지성이 비밀을 풀어나가는, 다시 말해 자신을 위해 의미를 다시 취하는 해석학적 지성으로 이어지는지를 아는 것이다.(『해석들의 갈등』, p.40)

그것은 구조주의적 설명의 시야를 확대함으로써 이루어진다. 구조주의가 관계파악만으로 그치려 한다면 의미이해에 이를 수 없다. 해석학적 지성이 세계와 타자의 의미를 이해하려는 것이라면, 구조주의자의 작업은 그 지지자일 수밖에 없다. 이해를 위해서는 분석이 선행되어야 한다. 그리고 담론언어학이 랑그언어학을 통해서 가능한 것처럼, 해석행위 또한 분석행위를 통해서 가능한 것이다. 기호가 문장 속에 들어와서 의미에 이르는 것처럼 구조주의는 해석학적 이해에 필수적인 준비단계다. 이런 입장에서 리쾨르는 "구조에 대한 최소한의 이해가 없으면 의미의 파악이 없다"(『해석들의 갈등』, p.60)고 단언한다.

구조주의와 해석학을 종합하려는 시도, 다시 말해 구조주의적 사유의 한계를 지적하면서 인간정신의 창조성이나 역동성을 강조하고자 하는 생각이 반드시 해석학이나 현상학 진영에서만 나온 것은 아니다. 기호체계의 닫힘이라는 공리에 따라 무시될 수밖에 없는 구조 속에서의 인간주체의 기능에 대한 논의는 이미 많은 분야에서 보편화되어 있는 것처럼 보이기 때문이다.

이러한 노력은 인간이 처한 구체적인 현실에서 벗어나서 인간에 대한 논의를 할 수도 없고, 또 그렇게 되어서도 안 된다는 사실을 강조하는 것이다. 그것은 또한 인간현실을 변화 속에서가 아니라 그것을 이면에서 규제하는 본질이라는 측면에서 파악하고자 한 구조주의자들의 방법이 추상적, 잠재적 조건에 대한 논의에서 벗어나 구체적인 삶에 대한 논의로 이어져야 한다는 주장과 다르지 않다. 바로 여기서 기호와 의미, 랑그와 담론, 구조와 현상, 나아가서 구조주의와 해석학이 상호보완적 입장에 설 필요성이 생겨나는 것이다.

구조 논의와 그 이후

구조 개념은 소쉬르의 언어학 연구에서 시작해서 레비스트로스가 인류학 연구에 도입함에 따라 인접학문으로 확산되는 기틀을 마련한다. 그리고 마침내 현대 인문사회과학의 거의 모든 분야에서 유용한 개념이 되면서 구조주의는 한 시대의 중요한 인식체계가 될 수 있었다. 그런데 하나의 개념이나 인식체계는 그에 대한 논의가 확산되고 발전해나가는 과정에서 그 의미가 달라지는 것은 당연한 일일 것이다.

구조 개념과 구조주의 또한 같은 과정을 거쳤다. 구조주의는 20세기의 다른 많은 거대담론과 마찬가지로 이미 과거의 것으로 치부되고 있다. 하지만 그것은 '구조'라고 하는 중요한 개념을 남겨 놓았다. '구조' 개념에 대한 논의는 결코 시류에 따라 그 가치가 변할 수 있는 것이 아니다. 인간이 대상을 파악하고 이해할 때 그것을 '구조적'인 시각에서 볼 것인가, 아니면 '현상적'인 시각에서 볼 것인가 하는 문제는 앞으로도 여전히 중요한 과제로 남아 있을 것이기 때문이다.

프랑스의 경우, 이미 1950~1960년대부터 '형식' 구조에 대한 비판적 검토를 해왔다. 언어학 분야의 벤베니스트의 작업이 그 대표적인 예라고 할 수 있다. 그 이전에도 이미 언어학의 구조가 다른 학문 분야에 어떻게 확대 적용되었는지, 그리고 그 한계는 무엇인지를 검토해 왔다. 그 이후 구조주의 전체에 대한 본격적인 비판이 뒤따랐다.

하지만 구조주의에 대한 이러한 비판적 검토가 구조 개념 자체의 효용성을 전적으로 부정하고자 한 것은 아니다. 구조주의의 대척점에서 그 한계를 직접 지적하고 있는 리쾨르의 해석학만 하더라도 결코 구조 개념의 유효성 자체를 부인하지는 않았다. 리쾨르의 해석학은 다만 구조 개념 자체의 확장을 제안하고 있다. 그 역시 기호학적 논의는 의미론적 논의의 이전以前 단계로 여전히 유효한 것이라고 보았다. 해석학적 사유가 구조주의의 방법론에 거부감을 지닌 것은 사실이다. 하지만 그러한 비판은 과학적 방법론의 성격을 띤 구조주의의 한계를 철학적으로 수용하려는 데에서 생겨난다.

그러므로 구조주의에 대한 비판은 사실 '구조' 개념 자체의 장점과 효용성을 받아들이면서 이에 대한 새로운 개념을 정립하기 위한 시도라고 할 수 있다. 많은 사람들이 시도한 구조주의 비판은 사실 구조주의의 성과를 자신들이 지향하는 인식양식에 어떻게 수용할 수 있을 것인가 하는 물음에서 출발한다.

부동은 구조주의에 대한 비판적 고찰을 마감하면서 "구조적 방법이란 존재하지 않으며,"31) 존재하는 것은 단지 "개별적인 구조 이론들"32)뿐이라고 말하고 있다. 쟌느 파랭비알 Jeanne Parain-Vial 역시 이와 같은 입장에서 구조주의라는 것이 "과학만능주의"의 소산이라고 지적하고 있다.33) 하지만 이러한 주장들은 구조주의의 인식방식에 대한 전적인 거부라기보다는 리쾨르의 해석학이 보여주는 것처럼 구조주의를 비판적으로 감싸 안으려는 시도로 보인다.

구조주의에 대한 대부분의 비판은 무엇보다도 구조주의가 구조 개념 자체를 순전히 형식적인 차원에서만 보려했다는 것으로 요약할 수 있다. 구조의 형식성에 긴장과 역동성이라는 개념을 덧붙이려 한 뒤랑의 상형구조주의는 인간정신을 이해할 때에 주체와 객체, 기호와 의미, 구조와 현상을 동시에 감싸 안으려 한다.

리쾨르의 말대로, 주체와 지시대상에 대한 논의를 배제하고 있다는 점에서 구조주의 자체를 엄밀한 의미에서 철학으로 볼 수는 없을 지도 모른다. 하지만 구조주의가 자신의 한계를 인식하고 대상에 대한 분석이 자신과 세상에 대한 이해로 이어져야 한다는 점을 인정한다면 철학적 사유의 전前단계로 훌륭한 인식방식이 될 수 있을 것이다. 구조주의에 대한 비판적 입장을 견지하면서 구조 개념 자체에 변화를 주고자 한 여러 시도들은 구조분석이라는 방법론을 인간과 세상에 대한 이해라는 철학으로 연장하려는 의도에서 생긴 것이라고 할 수 있다.

국내·외에서 모두 구조주의에 관한 연구가 보여준 활발함과 그 성과는 새삼 거론할 필요가 없을지도 모른다. 구조주의가 프랑스에서뿐만 아니라 전 세계적으로 주목받는 대상이 되었던 20세기 사상의 총아였다는 평가에 거부감을 느낄 사람 또한 그다지 많지 않을 것이다. 하지만 구조주의는 1950년대의 실존주의와 충돌하고 1960년대 초의 해석학 진영과 충돌한 것 말고도 구조주의 진영 안에서 도전 도전는다.

그렇다면 구조주의 이후를 어떻게 볼 것인가? 프랑스의 경우, 구조에 대한 논쟁 이후의 흐름은 크게 두 가지로 나뉜다. 그 하나가 이른바 후기구조주의라는 이름으로 부를 수 있는 다양한 흐름이라면, 다른 하나는 현상학적 해석학의 흐름이다. 전자는 여전히 구조를 중요한 개념으로 유지하고 있는 반면, 후자는 현상을 그에 앞세우고 있다. 어찌되었건 프랑스의 경우 '구조'에 대한 논의에서 '포스트-구조'에 관한 논의로 넘어가는 과정에서 활발한 논의가 진행되었다.

그렇지만 프랑스 학계의 이러한 상황에도 국내의 관심은 여전히 구조주의적 인식 자체에 머물러 있다는 인상을 받는다. 우리나라에서도 지난 수십 년 동안 '구조주의' 혹은 '구조'라는 단어는 수많은 논의의 대상이 되어왔다. 이런 사정은 서구사회에서 구조주의가 퇴조한 뒤에도 그다지 달라지지 않았다. 하지만 구조주의와 그 이후 다양한 양상으로 펼쳐지고 있는 프랑스 사상의 흐름을 제대로 파악하기 위해서는 구조주의에 대한 논의를 초기 구조주의에 대한 논의에서 중단해서는 안 되며, 이를 실존주의, 해석학 등 현상학 계열의 다른 커다란 지적 흐름과 관련지어 전체적으로 파악해 보아야 할 것이다.

주

1) 본서에서는 주요 원전의 출처는 본문에 노출하고 기타 보조 문헌은 미주로 처리한다. 본문에 노출할 원전 중『일반언어학 강의』(페르디낭 드 소쉬르, 최승언 옮김, 민음사, 1990.)와 『일반언어학의 제문제1,2』(에밀 벤베니스트, 황경자 옮김, 민음사, 1992.) 등은 우리말 번역본을 가급적 그대로 옮겼다. 하지만, 『구조인류학』(Cl. Lévi-Strauss, *Anthropologie structurale*, Plon, 1985.), 『해석들의 갈등』(P. Ricoeur, *Le conflit des interprétations*, Seuil, 1969.) 『살아있는 은유』(P. Ricoeur, *La Métaphore Vive*, Seuil, 1975.) 등은 원문을 필자가 직접 옮긴 것이다.
2) N. Trubetzkoy, *La phonologie actuelle*, Psychologie du langage, 1933, pp.245-246; 에밀 벤베니스트, 황경자 옮김, 『일반언어학의 제문제1』, 민음사, 1992, 139쪽에서 재인용.
3) P. Ricoeur, *Réflexion faite*, coll. <Philosophie>, Esprit, 1995, p.32.
4) 조너선 컬러, 이종인 옮김, 『소쉬르』, 시공사, 1998, 58쪽 참조.
5) J. Parain-Vial, *Analyses structurales et Idéologies structuralistes*, Edouard Privat, 1969, p.31.
6) 김태수 편, 『구조주의의 이론』, 인간사랑, 1990, 19-30쪽 참조.
7) A. L. Kroeber, *Anthropology*, n. Ed., New York, 1948, p.325; Cl. Lévi-Strauss, *Anthropologie structurale*, Plon, 1958, p.304에서 재인용.
8) N. Ruwet, "Linguistique et sciences de l'homme", *Esprit*, 1963, p.567.
9) *Ibid.*, p.566.
10) Cl. Lévi-Strauss, "Réponses à quelques questions", *Esprit*, 1963, p.631.
11) J. Parain-Vial, *op.cit.*, p.106.
12) 에드먼드 리치, 이종인 옮김, 『레비스트로스』, 시공사, 1998, 62쪽.
13) R. Boudon, *A quoi sert la notion de "structure"*, Gallimard, 1968.
14) *Ibid.*, p.158.
15) *Ibid.*, p.27.

16) *Ibid.*, p.28.
17) J. Parain-Vial, *op.cit.*, p.230.
18) *Ibid.*, p.105.
19) M. Marc-Lipiansky, *Le structuralisme de Claude Lévi-Strauss*, Payot, 1973, p.253.
20) O. Mongin, *Paul Ricœur*, Seuil, 1994, p.26.
21) 신기철 신용철 편, 『새우리말 큰 사전』, 삼성출판사, 1986.
22) *Le Nouveau Petit Robert 1*, Dictionnaires Le Robert, 1993.
23) O. Mongin, *op.cit.*, p.134.
24) G. Durand, *Les Structures Anthropologiques de l'Imaginaire*, Bordas, 1960.
25) P. Ricoeur, *Du texte à l'action, Essais d'Herméneutique II*, Seuil, 1986, p.19.
26) J.-L. Petit, "Herméneutique et sémantique chez Paul Ricoeur", *Archives de philosophie*, v.48, 1985, p.575.
27) P. Ricoeur, *Lectures 1*, Seuil, 1991, p.26.
28) 폴 리쾨르, 김윤성 조현범 옮김, 『해석이론』, 서광사, 1998, 35쪽.
29) Cl. Lévi-Strauss, *op.cit.*, p.652.
30) N. Ruwet, *op.cit.*, p.571.
31) R. Boudon, *op.cit.*, p.214.
32) *Ibid.*, p.215.
33) J. Parain-Vial, *op.cit.*, p.217.

참고문헌

R. Boudon, *A quoi sert la notion de "structure"; Essais sur la signification de la notion "structure" dans les sciences humaines*, Gallimard, 1968.

G. Durand, *Les Structures Anthropologiques de l'Imaginaire*, Bordas, 1962.

Cl. Lévi-Strauss, *Anthropologie structurale*, Plon, 1985.

_____, *La Pensée Sauvage*, Plon, 1962.

M. Marc-Lipiansky, *Le structuralisme de Claude Lévi-Strauss*, Payot, 1973.

O. Mongin, *Paul Ricœur*, Seuil, 1994.

J. Parain-Vial, *Analyses structurales et Idéologies structuralistes*, Edouard Privat, 1969.

J.-L. Petit, "Herméneutique et sémantique chez Paul Ricoeur", *Archives de philosophie*, v.48, 1985.

P. Ricoeur, *Le conflit des interprétations; Essais d'herméneutique I*, Seuil, 1969.

_____, *Du texte à l'action, Essais d'Herméneutique II*, Seuil, 1986.

_____, *La Métaphore Vive*, Seuil, 1975.

_____, *Lectures I*, Seuil, 1991.

_____, *Réflexion faite*, coll. <Philosophie>, Esprit, 1995.

_____, *Temps et Récit I*, Seuil, 1983.

_____, *Temps et Récit III*, Seuil., 1983.

G. Bouchard, "Sémiologie, Sémantique et Herméneutique selon Paul Ricoeur", *Laval théologique et philosophique*, v.36, 1980.

S. Doubrovsky, "Pourquoi la nouvelle critique", *Mercure de France*, 1966.

Cl. Lévi-Strauss, "Réponses à quelques questions", *Esprit*, 1963.

P. Ricoeur, "Signe et Sens", *Encyclopædia Universalis*, v.20, Corpus, 1989.

　　　　　, "Structure et Herméneutique", *Esprit*, 1963.
N. Ruwet, "Linguistique et sciences de l'homme", *Esprit*, 1963.
에밀 벤베니스트, 황경자 옮김, 『일반언어학의 제문제1』, 민음사, 1992.
에밀 벤베니스트, 황경자 옮김, 『일반언어학의 제문제2』, 민음사, 1992.
노엄 촘스키, 이선우 옮김, 『언어에 대한 지식』, 민음사, 1990.
에머리히 코레트, 신귀현 옮김, 『해석학』, 종로서적, 1993.
폴 리쾨르, 김윤성 조현범 옮김, 『해석이론』, 서광사, 1998.
페르디낭 드 소쉬르, 최승언 옮김, 『일반언어학 강의』, 민음사, 1990.
김태수 편, 『구조주의의 이론』, 인간사랑, 1990.
김점석, 「담론언어학과 해석학」, 『불어불문학연구』, 제40집, 1999.
　　　　　, 「리쾨르의 소쉬르 언어학 비판」, 『한국프랑스학논집』, 제28집, 1999.
김한식, 「리쾨르와 레비스트로스의 논쟁에 대하여」, 『프랑스어문교육연구』, 제7집, 1998.

프랑스엔 〈크세주〉, 일본엔 〈이와나미 문고〉,
한국에는 〈살림지식총서〉가 있습니다.

📖 전자책 | 🔍 큰글자 | 🔊 오디오북

001 미국의 좌파와 우파 | 이주영 📖🔊
002 미국의 정체성 | 김형인 📖🔊
003 마이너리티 역사 | 손영호 📖
004 두 얼굴을 가진 하나님 | 김형인 📖
005 MD | 정욱식 📖🔊
006 반미 | 김진웅 📖
007 영화로 보는 미국 | 김성곤 📖
008 미국 뒤집어보기 | 장석정
009 미국 문화지도 | 장석정
010 미국 메모랜덤 | 최성일
011 위대한 어머니 여신 | 장영란 📖🔊
012 변신이야기 | 김선자
013 인도신화의 계보 | 류경희 📖🔊
014 축제인류학 | 류정아 📖
015 오리엔탈리즘의 역사 | 정진농 📖🔊
016 이슬람 문화 | 이희수 📖🔊
017 살롱문화 | 서정복 📖
018 추리소설의 세계 | 정규웅
019 애니메이션의 장르와 역사 | 이용배 📖
020 문신의 역사 | 조현설
021 색채의 상징, 색채의 심리 | 박영수 📖🔊
022 인체의 신비 | 이성주 📖🔊
023 생물학무기 | 배우철 📖
024 이 땅에서 우리말로 철학하기 | 이기상
025 중세는 정말 암흑기였나 | 이경재 📖🔊
026 미셸 푸코 | 양운덕 📖
027 포스트모더니즘에 대한 성찰 | 신승환 📖🔊
028 조폭의 계보 | 방성수
029 성스러움과 폭력 | 류성민 📖
030 성상 파괴주의와 성상 옹호주의 | 진형준 📖
031 UFO학 | 성시정 📖
032 최면의 세계 | 설기문
033 천문학 탐구자들 | 이면우
034 블랙홀 | 이충환 📖
035 법의학의 세계 | 이윤성 📖🔊
036 양자 컴퓨터 | 이순칠 📖
037 마피아의 계보 | 안혁 📖
038 헬레니즘 | 윤진 📖
039 유대인 | 정성호 📖🔊
040 M. 엘리아데 | 정진홍 📖
041 한국교회의 역사 | 서정민 📖
042 야훼와 바알 | 김남일 📖
043 캐리커처의 역사 | 박창석
044 한국 액션영화 | 오승욱 📖
045 한국 문예영화 이야기 | 김남석 📖
046 포켓몬 마스터 되기 | 김윤아 📖

047 판타지 | 송태현 📖
048 르 몽드 | 최연구 📖🔊
049 그리스 사유의 기원 | 김재홍 📖
050 영혼론 입문 | 이정우
051 알베르 카뮈 | 유기환 📖🔊
052 프란츠 카프카 | 편영수 📖
053 버지니아 울프 | 김희정 📖
054 재즈 | 최규용 📖🔊
055 뉴에이지 음악 | 양한수 📖
056 중국의 고구려사 왜곡 | 최광식 📖🔊
057 중국의 정체성 | 강준영 📖🔊
058 중국의 문화코드 | 강진석
059 중국사상의 뿌리 | 장현근 📖🔊
060 화교 | 정성호 📖
061 중국인의 금기 | 장범성 🔊
062 무협 | 문현선 📖
063 중국영화 이야기 | 임대근 📖
064 경극 | 송철규 📖
065 중국적 사유의 원형 | 박정근 📖🔊
066 수도원의 역사 | 최형걸 📖
067 현대 신학 이야기 | 박만 📖
068 요가 | 류경희 📖🔊
069 성공학의 역사 | 정해윤 📖
070 진정한 프로는 변화가 즐겁다 | 김학선 📖🔊
071 외국인 직접투자 | 송의달
072 지식의 성장 | 이한구 📖
073 사랑의 철학 | 이정은 📖
074 유교문화와 여성 | 김미영 📖
075 매체 정보란 무엇인가 | 구연상 📖🔊
076 피에르 부르디외와 한국사회 | 홍성민 📖
077 21세기 한국의 문화혁명 | 이정덕
078 사건으로 보는 한국의 정치변동 | 양길현 📖🔊
079 미국을 만든 사상들 | 정경희 📖🔊
080 한반도 시나리오 | 정욱식 📖🔊
081 미국인의 발견 | 우수근 📖
082 미국의 거장들 | 김홍국 📖
083 법으로 보는 미국 | 채동배
084 미국 여성사 | 이창신 📖
085 책과 세계 | 강유원 🔊
086 유럽왕실의 탄생 | 김현수 📖🔊
087 박물관의 탄생 | 전진성 📖
088 절대왕정의 탄생 | 임승휘 📖🔊
089 커피 이야기 | 김성윤 📖🔊
090 축구의 문화사 | 이은호
091 세기의 사랑 이야기 | 안재필 📖🔊
092 반연극의 계보와 미학 | 임준서 📖

093 한국의 연출가들 | 김남석
094 동아시아의 공연예술 | 서연호
095 사이코드라마 | 김정일
096 철학으로 보는 문화 | 신응철
097 장 폴 사르트르 | 변광배
098 프랑스 문화와 상상력 | 박기현
099 아브라함의 종교 | 공일주
100 여행 이야기 | 이진홍
101 아테네 | 장영란
102 로마 | 한형곤
103 이스탄불 | 이희수
104 예루살렘 | 최창모
105 상트 페테르부르크 | 방일권
106 하이델베르크 | 곽병휴
107 파리 | 김복래
108 바르샤바 | 최건영
109 부에노스아이레스 | 고부안
110 멕시코 시티 | 정혜주
111 나이로비 | 양철준
112 고대 올림픽의 세계 | 김복희
113 종교와 스포츠 | 이창익
114 그리스 미술 이야기 | 노성두
115 그리스 문명 | 최혜영
116 그리스와 로마 | 김덕수
117 알렉산드로스 | 조현미
118 고대 그리스의 시인들 | 김헌
119 올림픽의 숨은 이야기 | 장원재
120 장르 만화의 세계 | 박인하
121 성공의 길은 내 안에 있다 | 이숙영
122 모든 것을 고객중심으로 바꿔라 | 안상헌
123 중세와 토마스 아퀴나스 | 박주영
124 우주 개발의 숨은 이야기 | 정홍철
125 나노 | 이영희
126 초끈이론 | 박재모·현승준
127 안토니 가우디 | 손세관
128 프랭크 로이드 라이트 | 서수경
129 프랭크 게리 | 이일형
130 리차드 마이어 | 이성훈
131 안도 다다오 | 임채진
132 색의 유혹 | 오수연
133 고객을 사로잡는 디자인 혁신 | 신언모
134 양주 이야기 | 김준철
135 주역과 운명 | 심의용
136 학계의 금기를 찾아서 | 강성민
137 미·중·일 새로운 패권전략 | 우수근
138 세계지도의 역사와 한반도의 발견 | 김상근
139 신용하 교수의 독도 이야기 | 신용하
140 간도는 누구의 땅인가 | 이성환
141 말리노프스키의 문화인류학 | 김용환
142 크리스마스 | 이영제
143 바로크 | 신정아
144 페르시아 문화 | 신규섭
145 패션과 명품 | 이재진
146 프랑켄슈타인 | 장정희

147 뱀파이어 연대기 | 한혜원
148 위대한 힙합 아티스트 | 김정훈
149 살사 | 최명호
150 모던 걸, 여우 목도리를 버려라 | 김주리
151 누가 하이카라 여성을 데리고 사누 | 김미지
152 스위트 홈의 기원 | 백지혜
153 대중적 감수성의 탄생 | 강심호
154 에로 그로 넌센스 | 소래섭
155 소리가 만들어낸 근대의 풍경 | 이승원
156 서울은 어떻게 계획되었는가 | 염복규
157 부엌의 문화사 | 함한희
158 칸트 | 최인숙
159 사람은 왜 인정받고 싶어하나 | 이정은
160 지중해학 | 박상진
161 동북아시아 비핵지대 | 이삼성 외
162 서양 배우의 역사 | 김정수
163 20세기의 위대한 연극인들 | 김미혜
164 영화음악 | 박신영
165 한국독립영화 | 김수남
166 영화와 샤머니즘 | 이종승
167 영화로 보는 불륜의 사회학 | 황혜진
168 J.D. 샐린저와 호밀밭의 파수꾼 | 김성곤
169 허브 이야기 | 조태동·송진희
170 프로레슬링 | 성민수
171 프랑크푸르트 | 이기식
172 바그다드 | 이동은
173 아테네인, 스파르타인 | 윤진
174 정치의 원형을 찾아서 | 최자영
175 소르본 대학 | 서정복
176 테마로 보는 서양미술 | 권용준
177 칼 마르크스 | 박영균
178 허버트 마르쿠제 | 손철성
179 안토니오 그람시 | 김현우
180 안토니오 네그리 | 윤수종
181 박이문의 문학과 철학 이야기 | 박이문
182 상상력과 가스통 바슐라르 | 홍명희
183 인간복제의 시대가 온다 | 김홍재
184 수소 혁명의 시대 | 김미선
185 로봇 이야기 | 김문상
186 일본의 정체성 | 김필동
187 일본의 서양문화 수용사 | 정하미
188 번역과 일본의 근대 | 최경옥
189 전쟁국가 일본 | 이성환
190 한국과 일본 | 하우봉
191 일본 누드 문화사 | 최유경
192 주신구라 | 이준섭
193 일본의 신사 | 박규태
194 미야자키 하야오 | 김윤아
195 애니메이션으로 보는 일본 | 박규태
196 디지털 에듀테인먼트 스토리텔링 | 강심호
197 디지털 애니메이션 스토리텔링 | 배주영
198 디지털 게임의 미학 | 전경란
199 디지털 게임 스토리텔링 | 한혜원
200 한국형 디지털 스토리텔링 | 이인화

201 디지털 게임, 상상력의 새로운 영토 | 이정엽
202 프로이트와 종교 | 권수영
203 영화로 보는 태평양전쟁 | 이동훈
204 소리의 문화사 | 김토일
205 극장의 역사 | 임종엽
206 뮤지엄건축 | 서상우
207 한옥 | 박명덕
208 한국만화사 산책 | 손상익
209 만화 속 백수 이야기 | 김성훈
210 코믹스 만화의 세계 | 박석환
211 북한만화의 이해 | 김성훈 · 박소현
212 북한 애니메이션 | 이대연 · 김경임
213 만화로 보는 미국 | 김기홍
214 미생물의 세계 | 이재열
215 빛과 색 | 변종철
216 인공위성 | 장영근
217 문화콘텐츠란 무엇인가 | 최연구
218 고대 근동의 신화와 종교 | 강성열
219 신비주의 | 금인숙
220 십자군, 성전과 약탈의 역사 | 진원숙
221 종교개혁 이야기 | 이성덕
222 자살 | 이진홍
223 성, 그 억압과 진보의 역사 | 윤가현
224 아파트의 문화사 | 박철수
225 권오길 교수가 들려주는 생물의 섹스 이야기 | 권오길
226 동물행동학 | 임신재
227 한국 축구 발전사 | 김성원
228 월드컵의 위대한 전설들 | 서준형
229 월드컵의 강국들 | 심재희
230 스포츠마케팅의 세계 | 박찬혁
231 일본의 이중권력, 쇼군과 천황 | 다카시로 고이치
232 일본의 사소설 | 안영희
233 글로벌 매너 | 박한표
234 성공하는 중국 진출 가이드북 | 우수근
235 20대의 정체성 | 정성호
236 중년의 사회학 | 정성호
237 인권 | 차병직
238 헌법재판 이야기 | 오호택
239 프라하 | 김규진
240 부다페스트 | 김성진
241 보스턴 | 황선희
242 돈황 | 전인초
243 보들레르 | 이건수
244 돈 후안 | 정동섭
245 사르트르 참여문학론 | 변광배
246 문체론 | 이종오
247 올더스 헉슬리 | 김효원
248 탈식민주의에 대한 성찰 | 박종성
249 서양 무기의 역사 | 이내주
250 백화점의 문화사 | 김인호
251 초콜릿 이야기 | 정한진
252 향신료 이야기 | 정한진
253 프랑스 미식 기행 | 심순철
254 음식 이야기 | 윤진아
255 비틀스 | 고영탁
256 현대시와 불교 | 오세영
257 불교의 선악론 | 안옥선
258 질병의 사회사 | 신규환
259 와인의 문화사 | 고형욱
260 와인, 어떻게 즐길까 | 김준철
261 노블레스 오블리주 | 예종석
262 미국인의 탄생 | 김진웅
263 기독교의 교파 | 남병두
264 플로티노스 | 조규홍
265 아우구스티누스 | 박경숙
266 안셀무스 | 김영철
267 중국 종교의 역사 | 박종우
268 인도의 신화와 종교 | 정광흠
269 이라크의 역사 | 공일주
270 르 코르뷔지에 | 이관석
271 김수영, 혹은 시적 양심 | 이은정
272 의학사상사 | 여인석
273 서양의학의 역사 | 이재담
274 몸의 역사 | 강신익
275 인류를 구한 항균제들 | 예병일
276 전쟁의 판도를 바꾼 전염병 | 예병일
277 사상의학 바로 알기 | 장동민
278 조선의 명의들 | 김호
279 한국인의 관계심리학 | 권수영
280 모건의 가족 인류학 | 김용환
281 예수가 상상한 그리스도 | 김호경
282 사르트르와 보부아르의 계약결혼 | 변광배
283 초기 기독교 이야기 | 진원숙
284 동유럽의 민족 분쟁 | 김철민
285 비잔틴제국 | 진원숙
286 오스만제국 | 진원숙
287 별을 보는 사람들 | 조상호
288 한미 FTA 후 직업의 미래 | 김준성
289 구조주의와 그 이후 | 김종우
290 아도르노 | 이종하
291 프랑스 혁명 | 서정복
292 메이지유신 | 장인성
293 문화대혁명 | 백승욱
294 기생 이야기 | 신현규
295 에베레스트 | 김법모
296 빈 | 인성기
297 발트3국 | 서진석
298 아일랜드 | 한일동
299 이케다 하야토 | 권혁기
300 박정희 | 김성진
301 리콴유 | 김성진
302 덩샤오핑 | 박형기
303 마거릿 대처 | 박동운
304 로널드 레이건 | 김형곤
305 셰이크 모하메드 | 최진영
306 유엔사무총장 | 김정태
307 농구의 탄생 | 손대범
308 홍차 이야기 | 정은희

- 309 인도 불교사 | 김미숙
- 310 아힌사 | 이정호
- 311 인도의 경전들 | 이재숙
- 312 글로벌 리더 | 백형찬
- 313 탱고 | 배수경
- 314 미술경매 이야기 | 이규현
- 315 달마와 그 제자들 | 우봉규
- 316 화두와 좌선 | 김호귀
- 317 대학의 역사 | 이광주
- 318 이슬람의 탄생 | 진원숙
- 319 DNA분석과 과학수사 | 박기원
- 320 대통령의 탄생 | 조지형
- 321 대통령의 퇴임 이후 | 김형곤
- 322 미국의 대통령 선거 | 윤용희
- 323 프랑스 대통령 이야기 | 최연구
- 324 실용주의 | 이유선
- 325 맥주의 세계 | 원용희
- 326 SF의 법칙 | 고장원
- 327 원효 | 김원명
- 328 베이징 | 조창완
- 329 상하이 | 김윤희
- 330 홍콩 | 유영하
- 331 중화경제의 리더들 | 박형기
- 332 중국의 엘리트 | 주장환
- 333 중국의 소수민족 | 정재남
- 334 중국을 이해하는 9가지 관점 | 우수근
- 335 고대 페르시아의 역사 | 유흥태
- 336 이란의 역사 | 유흥태
- 337 에스파한 | 유흥태
- 338 번역이란 무엇인가 | 이향
- 339 해체론 | 조규형
- 340 자크 라캉 | 김용수
- 341 하지홍 교수의 개 이야기 | 하지홍
- 342 다방과 카페, 모던보이의 아지트 | 장유정
- 343 역사 속의 채식인 | 이광조
- 344 보수와 진보의 정신분석 | 김용신
- 345 저작권 | 김기태
- 346 왜 그 음식은 먹지 않을까 | 정한진
- 347 플라멩코 | 최명호
- 348 월트 디즈니 | 김지영
- 349 빌 게이츠 | 김익현
- 350 스티브 잡스 | 김상훈
- 351 잭 웰치 | 하정필
- 352 워렌 버핏 | 이민주
- 353 조지 소로스 | 김성진
- 354 마쓰시타 고노스케 | 권혁기
- 355 도요타 | 이우광
- 356 기술의 역사 | 송성수
- 357 미국의 총기 문화 | 손영호
- 358 표트르 대제 | 박지배
- 359 조지 워싱턴 | 김형곤
- 360 나폴레옹 | 서정복
- 361 비스마르크 | 김장수
- 362 모택동 | 김승일
- 363 러시아의 정체성 | 기연수
- 364 너는 시방 위험한 로봇이다 | 오은
- 365 발레리나를 꿈꾼 로봇 | 김선혁
- 366 로봇 선생님 가라사대 | 안동근
- 367 로봇 디자인의 숨겨진 규칙 | 구신애
- 368 로봇을 향한 열정, 일본 애니메이션 | 안병욱
- 369 도스토예프스키 | 박영은
- 370 플라톤의 교육 | 장영란
- 371 대공황 시대 | 양동휴
- 372 미래를 예측하는 힘 | 최연구
- 373 꼭 알아야 하는 미래 질병 10가지 | 우정현
- 374 과학기술의 개척자들 | 송성수
- 375 레이첼 카슨과 침묵의 봄 | 김재호
- 376 좋은 문장 나쁜 문장 | 송준호
- 377 바울 | 김호경
- 378 테킬라 이야기 | 최명호
- 379 어떻게 일본 과학은 노벨상을 탔는가 | 김범성
- 380 기후변화 이야기 | 이유진
- 381 상송 | 전금주
- 382 이슬람 예술 | 전완경
- 383 페르시아의 종교 | 유흥태
- 384 삼위일체론 | 유해무
- 385 이슬람 율법 | 공일주
- 386 금강경 | 곽철환
- 387 루이스 칸 | 김낙중·정태용
- 388 톰 웨이츠 | 신주현
- 389 위대한 여성 과학자들 | 송성수
- 390 법원 이야기 | 오호택
- 391 명예훼손이란 무엇인가 | 안상운
- 392 사법권의 독립 | 조지형
- 393 피해자학 강의 | 장규원
- 394 정보공개란 무엇인가 | 안상운
- 395 적정기술이란 무엇인가 | 김정태·홍성욱
- 396 치명적인 금융위기, 왜 유독 대한민국인가 | 오형규
- 397 지방자치단체, 돈이 새고 있다 | 최인욱
- 398 스마트 위험사회가 온다 | 민경식
- 399 한반도 대재난, 대책은 있는가 | 이정직
- 400 불안사회 대한민국, 복지가 해답인가 | 신광영
- 401 21세기 대한민국 대외전략 | 김기수
- 402 보이지 않는 위협, 종북주의 | 류현수
- 403 우리 헌법 이야기 | 오호택
- 404 핵심 중국어 간체자(简体字) | 김현정
- 405 문화생활과 문화주택 | 김용범
- 406 미래주거의 대안 | 김세용·이재준
- 407 개방과 폐쇄의 딜레마, 북한의 이중적 경제 | 남성욱·정유석
- 408 연극과 영화를 통해 본 북한 사회 | 민병욱
- 409 먹기 위한 개방, 살기 위한 핵외교 | 김계동
- 410 북한 정권 붕괴 가능성과 대비 | 전경주
- 411 북한을 움직이는 힘, 군부의 패권경쟁 | 이영훈
- 412 인민의 천국에서 벌어지는 인권유린 | 허만호
- 413 성공을 이끄는 마케팅 법칙 | 추성엽
- 414 커피로 알아보는 마케팅 베이직 | 김민주
- 415 쓰나미의 과학 | 이호준
- 416 20세기를 빛낸 극작가 20인 | 백승무

417 20세기의 위대한 지휘자 | 김문경
418 20세기의 위대한 피아니스트 | 노태헌
419 뮤지컬의 이해 | 이동섭
420 위대한 도서관 건축 순례 | 최정태
421 아름다운 도서관 오디세이 | 최정태
422 롤링 스톤즈 | 김기범
423 서양 건축과 실내디자인의 역사 | 천진희
424 서양 가구의 역사 | 공혜원
425 비주얼 머천다이징&디스플레이 디자인 | 강희수
426 호감의 법칙 | 김경호
427 시대의 지성, 노암 촘스키 | 임기대
428 역사로 본 중국음식 | 신계숙
429 일본요리의 역사 | 박병학
430 한국의 음식문화 | 도현신
431 프랑스 음식문화 | 민혜련
432 중국차 이야기 | 조은아
433 디저트 이야기 | 안호기
434 치즈 이야기 | 박승용
435 면(麵) 이야기 | 김한송
436 막걸리 이야기 | 정은숙
437 알렉산드리아 비블리오테카 | 남태우
438 개헌 이야기 | 오호택
439 전통 명품의 보고, 규장각 | 신병주
440 에로스의 예술, 발레 | 김도윤
441 소크라테스를 알라 | 장영란
442 소프트웨어가 세상을 지배한다 | 김재호
443 국제난민 이야기 | 김철민
444 셰익스피어 그리고 인간 | 김도윤
445 명상이 경쟁력이다 | 김필수
446 갈매나무의 시인 백석 | 이숭원
447 브랜드를 알면 자동차가 보인다 | 김흥식
448 파이온에서 힉스 입자까지 | 이강영
449 알고 쓰는 화장품 | 구희연
450 희망이 된 인문학 | 김호연
451 한국 예술의 큰 별 동랑 유치진 | 백형찬
452 경허와 그 제자들 | 우봉규
453 논어 | 윤홍식
454 장자 | 이기동
455 맹자 | 장현근
456 관자 | 신창호
457 순자 | 윤무학
458 미사일 이야기 | 박준복
459 사주(四柱) 이야기 | 이지형
460 영화로 보는 로큰롤 | 김기범
461 비타민 이야기 | 김정환
462 장군 이순신 | 도현신
463 전쟁의 심리학 | 이윤규
464 미국의 장군들 | 여영무
465 첨단무기의 세계 | 양낙규
466 한국무기의 역사 | 이내주
467 노자 | 임헌규
468 한비자 | 윤찬원
469 묵자 | 박문현
470 나는 누구인가 | 김용신
471 논리적 글쓰기 | 여세주
472 디지털 시대의 글쓰기 | 이강룡
473 NLL을 말하다 | 이상철
474 뇌의 비밀 | 서유헌
475 버트런드 러셀 | 박병철
476 에드문트 후설 | 박인철
477 공간 해석의 지혜, 풍수 | 이지형
478 이야기 동양철학사 | 강성률
479 이야기 서양철학사 | 강성률
480 독일 계몽주의의 유학적 기초 | 전홍석
481 우리말 한자 바로쓰기 | 안광희
482 유머의 기술 | 이상훈
483 관상 | 이태룡
484 가상학 | 이태룡
485 역경 | 이태룡
486 대한민국 대통령들의 한국경제 이야기 1 | 이장규
487 대한민국 대통령들의 한국경제 이야기 2 | 이장규
488 별자리 이야기 | 이형철 외
489 셜록 홈즈 | 김재성
490 역사를 움직인 중국 여성들 | 이양자
491 중국 고전 이야기 | 문승용
492 발효 이야기 | 이미란
493 이승만 평전 | 이주영
494 미군정시대 이야기 | 차상철
495 한국전쟁사 | 이희진
496 정전협정 | 조성훈
497 북한 대남 침투도발사 | 이윤규
498 수상 | 이태룡
499 성명학 | 이태룡
500 결혼 | 남정욱
501 광고로 보는 근대문화사 | 김병희
502 시조의 이해 | 임형선
503 일본인은 왜 속마음을 말하지 않을까 | 임영철
504 내 사랑 아다지오 | 양태조
505 수프림 오페라 | 김도윤
506 바그너의 이해 | 서정원
507 원자력 이야기 | 이정익
508 이스라엘과 창조경제 | 정성호
509 한국 사회 빈부의식은 어떻게 변했는가 | 김용신
510 요하문명과 한반도 | 우실하
511 고조선왕조실록 | 이희진
512 고구려조선왕조실록 1 | 이희진
513 고구려조선왕조실록 2 | 이희진
514 백제왕조실록 1 | 이희진
515 백제왕조실록 2 | 이희진
516 신라왕조실록 1 | 이희진
517 신라왕조실록 2 | 이희진
518 신라왕조실록 3 | 이희진
519 가야왕조실록 | 이희진
520 발해왕조실록 | 구난희
521 고려왕조실록 1 (근간)
522 고려왕조실록 2 (근간)
523 조선왕조실록 1 | 이성무
524 조선왕조실록 2 | 이성무

- 525 조선왕조실록 3 | 이성무
- 526 조선왕조실록 4 | 이성무
- 527 조선왕조실록 5 | 이성무
- 528 조선왕조실록 6 | 편집부
- 529 정한론 | 이기용
- 530 청일전쟁 | 이성환
- 531 러일전쟁 | 이성환
- 532 이슬람 전쟁사 | 진원숙
- 533 소주이야기 | 이지형
- 534 북한 남침 이후 3일간, 이승만 대통령의 행적 | 남정옥
- 535 제주 신화 1 | 이석범
- 536 제주 신화 2 | 이석범
- 537 제주 전설 1 | 이석범
- 538 제주 전설 2 | 이석범
- 539 제주 전설 3 | 이석범
- 540 제주 전설 4 | 이석범
- 541 제주 전설 5 | 이석범
- 542 제주 민담 | 이석범
- 543 서양의 명장 | 박기련
- 544 동양의 명장 | 박기련
- 545 루소, 교육을 말하다 | 고봉만 · 황성원
- 546 철학으로 본 앙트러프러너십 | 전인수
- 547 예술과 앙트러프러너십 | 조명계
- 548 예술마케팅 | 전인수
- 549 비즈니스상상력 | 전인수
- 550 개념설계의 시대 | 전인수
- 551 미국 독립전쟁 | 김형곤
- 552 미국 남북전쟁 | 김형곤
- 553 초기불교 이야기 | 곽철환
- 554 한국가톨릭의 역사 | 서정민
- 555 시아 이슬람 | 유흥태
- 556 스토리텔링에서 스토리두잉으로 | 윤주
- 557 백세시대의 지혜 | 신현동
- 558 구보 씨가 살아온 한국 사회 | 김병희
- 559 정부광고로 보는 일상생활사 | 김병희
- 560 정부광고의 국민계몽 캠페인 | 김병희
- 561 도시재생이야기 | 윤주
- 562 한국의 핵무장 | 김재엽
- 563 고구려 비문의 비밀 | 정호섭
- 564 비슷하면서도 다른 한중문화 | 장범성
- 565 급변하는 현대 중국의 일상 | 장시,리우린,장범성
- 566 중국의 한국 유학생들 | 왕링윈, 장범성
- 567 밥 딜런 그의 나라에는 누가 사는가 | 오민석
- 568 언론으로 본 정부 정책의 변천 | 김병희
- 569 전통과 보수의 나라 영국 1–영국 역사 | 한일동
- 570 전통과 보수의 나라 영국 2–영국 문화 | 한일동
- 571 전통과 보수의 나라 영국 3–영국 현대 | 김언조
- 572 제1차 세계대전 | 윤형호
- 573 제2차 세계대전 | 윤형호
- 574 라벨로 보는 프랑스 포도주의 이해 | 전경준
- 575 미셸 푸코, 말과 사물 | 이규현
- 576 프로이트, 꿈의 해석 | 김석
- 577 왜 5왕 | 홍성화
- 578 소가씨 4대 | 나행주
- 579 미나모토노 요리토모 | 남기학
- 580 도요토미 히데요시 | 이계황
- 581 요시다 쇼인 | 이희복
- 582 시부사와 에이이치 | 양의모
- 583 이토 히로부미 | 방광석
- 584 메이지 천황 | 박진우
- 585 하라 다카시 | 김영숙
- 586 히라쓰카 라이초 | 정애영
- 587 고노에 후미마로 | 김봉식
- 588 모방이론으로 본 시장경제 | 김진식
- 589 보들레르의풍자적현대문명 비판 | 이건수
- 590 원시유교 | 한성구
- 591 도가 | 김대근
- 592 춘추전국시대의 고민 | 김현주
- 593 사회계약론 | 오수웅

구조주의와 그 이후

| 펴낸날 | 초판 1쇄 2007년 6월 5일 |
| | 초판 7쇄 2021년 8월 2일 |

지은이	김종우
펴낸이	심만수
펴낸곳	(주)살림출판사
출판등록	1989년 11월 1일 제9-210호

주소	경기도 파주시 광인사길 30
전화	031-955-1350 팩스 031-624-1356
홈페이지	http://www.sallimbooks.com
이메일	book@sallimbooks.com

| ISBN | 978-89-522-0647-3　04080 |
| ISBN | 978-89-522-0096-9　04080 (세트) |

※ 값은 뒤표지에 있습니다.
※ 잘못 만들어진 책은 구입하신 서점에서 바꾸어 드립니다.

함께 읽으면 좋은 책

철학·사상

026 미셸 푸코   eBook

양운덕(고려대 철학연구소 연구교수)

더 이상 우리에게 낯설지 않지만, 그렇다고 손쉽게 다가가기엔 부담스러운 푸코라는 철학자를 '권력'이라는 열쇠를 가지고 우리에게 열어 보여 주는 책. 권력은 어떻게 작용하는가에서 논의를 시작하여 관계망 속에서의 권력과 창조적·생산적·긍정적인 힘으로서의 권력을 이야기해 준다.

027 포스트모더니즘에 대한 성찰   eBook

신승환(가톨릭대 철학과 교수)

포스트모더니즘의 역사와 논의를 차분히 성찰하고, 더 나아가 서구의 근대를 수용하고 변용시킨 우리의 탈근대가 어떠한 맥락에서 이해되는지를 밝힌 책. 저자는 오늘날 포스트모더니즘으로 대변되는 탈근대적 문화와 철학운동은 보편주의와 중심주의, 전체주의와 이성 중심주의에 대한 거부이며, 지금은 이 유행성의 뿌리를 성찰해 볼 때라고 주장한다.

202 프로이트와 종교   eBook

권수영(연세대 기독상담센터 소장)

프로이트는 20세기를 대표할 만한 사상가이지만, 여전히 적지 않은 논란과 의심의 눈초리를 받고 있다. 게다가 신에 대한 믿음을 빼앗아버렸다며 종교인들은 프로이트를 용서하지 않을 기세이다. 기독교 신학자인 저자는 이 책을 통해 종교인들에게 프로이트가 여전히 유효하며, 그를 통하여 신앙이 더 건강해질 수 있다는 점을 보여 주려 한다.

427 시대의 지성 노암 촘스키   eBook

임기대(배재대 연구교수)

저자는 노암 촘스키를 평가함에 있어 언어학자와 진보 지식인 중 어느 한 쪽의 면모만을 따로 떼어 이야기하는 것은 불합리하다고 말한다. 이 책에서는 촘스키의 가장 핵심적인 언어이론과 그의 정치비평 중 주목할 만한 대목들이 함께 논의된다. 저자는 촘스키 이론과 사상의 본질에 다가가기 위한 이러한 시도가 나아가 서구 사상을 받아들이는 우리의 자세와도 연결된다고 믿고 있다.

철학·사상

024 이 땅에서 우리말로 철학하기

이기상(한국외대 철학과 교수)

우리말을 가지고 우리의 사유를 펼치고 있는 이기상 교수의 새로운 사유 제안서. 일상과 학문, 실천과 이론이 분리되어 있는 '궁핍의 시대'에 사는 우리에게 생활세계를 서양학문의 식민지화로부터 해방시키고, 서양이론의 중독으로부터 벗어나야 한다고 역설한다. 저자는 인간 중심에서 생명 중심으로의 변환과 관계론적인 세계관을 담고 있는 '사이 존재'를 제안한다.

025 중세는 정말 암흑기였나 `eBook`

이경재(백석대 기독교철학과 교수)

중세에 대한 친절한 입문서. 신과 인간에 대한 중세인의 의식을 다루고 있는 이 책은 어떻게 중세가 암흑시대라는 일반적인 인식을 가지게 되었는지에 대한 물음을 추적한다. 중세는 비합리적인 세계인가, 중세인의 신앙과 이성은 어떠한 관계를 갖고 있는가 등에 대한 논의를 하고 있다.

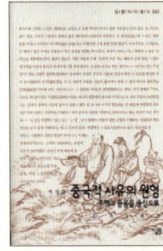

065 중국적 사유의 원형 `eBook`

박정근(한국외대 철학과 교수)

중국 사상의 두 뿌리인 『주역』과 『중용』을 철학적 관점에서 접근한다. '산다는 것은 무엇인가?'라는 근원적 질문으로부터 자생한 큰 흐름이 유가와 도가인데, 이 두 사유의 흐름을 거슬러 올라가다 보면 그 둘이 하나로 합쳐지는 원류를 만나게 된다. 저자는 『주역』과 『중용』에 담겨 있는 지혜야말로 중국인의 사유세계를 지배하는 원류라고 말한다.

076 피에르 부르디외와 한국사회 `eBook`

홍성민(동아대 정치외교학과 교수)

부르디외의 삶과 저작들을 통해 그의 사상을 쉽게 소개해 주고 이를 통해 한국사회의 변화를 호소하는 책. 저자는 부르디외가 인간의 행동이 엄격한 합리성과 계산을 근거로 행해지기보다는 일정한 기억과 습관, 그리고 사회적 전통에 영향을 받는다는 사실로부터 시작한다는 점을 강조한다.

철학·사상

096 철학으로 보는 문화
eBook

신응철(숭실대 인문과학연구소 연구교수)

문화와 문화철학 연구에 관심 있는 사람을 위한 길라잡이로 구상된 책. 비교적 최근에 분과학문으로 등장하기 시작한 문화철학의 논의에 반드시 들어가야 할 요소를 선택하여 제시하고, 그 핵심 내용을 제공한다. 칸트, 카시러, 반 퍼슨, 에드워드 홀, 에드워드 사이드, 새무얼 헌팅턴, 수전 손택 등의 철학자들의 문화론이 소개된다.

097 장 폴 사르트르
eBook

변광배(프랑스인문학연구모임 '시지프' 대표)

'타자'는 현대 사상에 있어 가장 중요한 개념 중 하나이다. 근대가 '자아'에 주목했다면 현대, 즉 탈근대는 '자아'의 소멸 혹은 자아의 허구성을 발견함으로써 오히려 '타자'에 관심을 갖게 되었다. 그리고 타자이론의 중심에는 사르트르가 있다. 사르트르의 시선과 타자론을 중점적으로 소개한 책.

135 주역과 운명
eBook

심의용(숭실대 강사)

주역에 대한 해설을 통해 사람들의 우환과 근심, 삶과 운명에 대한 우리의 자세를 말해 주는 책. 저자는 난해한 철학적 분석이나 독해의 문제로 우리를 데리고 가는 것이 아니라 공자, 백이, 안연, 자로, 한신 등 중국의 여러 사상가들의 사례를 통해 우리네 삶을 반추하는 방식을 취한다.

450 희망이 된 인문학
eBook

김호연(한양대 기초·융합교육원 교수)

삶 속에서 배우는 앎이야말로 인간의 운명을 바꿀 수 있는 기회를 준다. 그래서 삶이 곧 앎이고, 앎이 곧 삶이 되는 공부를 하는 것이 무엇보다 중요하다. 저자는 인문학이야말로 앎과 삶이 결합된 공부를 도울 수 있고, 모든 이들이 이 공부를 할 수 있어야 한다고 믿는다. 특히 '관계와 소통'에 초점을 맞춘 인문학의 실용적 가치, '인문학교'를 통한 실제 실천사례가 눈길을 끈다.

철학·사상

eBook 표시가 되어있는 도서는 전자책으로 구매가 가능합니다.

024 이 땅에서 우리말로 철학하기 | 이기상
025 중세는 정말 암흑기였나 | 이경재 eBook
026 미셸 푸코 | 양운덕 eBook
027 포스트모더니즘에 대한 성찰 | 신승환 eBook
049 그리스 사유의 기원 | 김재홍 eBook
050 영혼론 입문 | 이정우
059 중국사상의 뿌리 | 장현근 eBook
065 중국적 사유의 원형 | 박정근 eBook
072 지식의 성장 | 이한구 eBook
073 사랑의 철학 | 이정은 eBook
074 유교문화와 여성 | 김미영 eBook
075 매체 정보란 무엇인가 | 구연상 eBook
076 피에르 부르디외와 한국사회 | 홍성민 eBook
096 철학으로 보는 문화 | 신응철 eBook
097 장 폴 사르트르 | 변광배 eBook
123 중세와 토마스 아퀴나스 | 박경숙 eBook
135 주역과 운명 | 심의용 eBook
158 칸트 | 최인숙 eBook
159 사람은 왜 인정받고 싶어하나 | 이정은 eBook
177 칼 마르크스 | 박영균
178 허버트 마르쿠제 | 손철성 eBook
179 안토니오 그람시 | 김현우
180 안토니오 네그리 | 윤수종 eBook
181 박이문의 문학과 철학 이야기 | 박이문 eBook
182 상상력과 가스통 바슐라르 | 홍명희 eBook
202 프로이트와 종교 | 권수영 eBook

289 구조주의와 그 이후 | 김종우 eBook
290 아도르노 | 이종하 eBook
324 실용주의 | 이유선
339 해체론 | 조규형
340 자크 라캉 | 김용수
370 플라톤의 교육 | 장영란 eBook
427 시대의 지성 노암 촘스키 | 임기대 eBook
441 소크라테스를 알라 | 장영란 eBook
450 희망이 된 인문학 | 김호연 eBook
453 논어 | 윤홍식 eBook
454 장자 | 이기동 eBook
455 맹자 | 장현근 eBook
456 관자 | 신창호 eBook
457 순자 | 윤무학 eBook
459 사주(四柱) 이야기 | 이지형 eBook
467 노자 | 임헌규 eBook
468 한비자 | 윤찬원 eBook
469 묵자 | 박문현 eBook
470 나는 누구인가 | 김용신 eBook
475 버트런드 러셀 | 박병철
476 에드문트 후설 | 박인철
477 공간 해석의 지혜, 풍수 | 이지형
478 이야기 동양철학사 | 강성률
479 이야기 서양철학사 | 강성률
480 독일 예몽주의의 유학적 기초 | 전홍석

(주)**살림출판사**
www.sallimbooks.com
주소 경기도 파주시 문발동 522-1 | 전화 031-955-1350 | 팩스 031-955-1355